なぜ、それは儲かるのか

〈フリー＋ソーシャル＋価格差別〉×〈データ〉が最強な理由

山口真一

国際大学グローバル・コミュニケーション・センター准教授

草思社

なぜ、それは儲かるのか

〈フリー＋ソーシャル＋価格差別〉×〈データ〉が最強な理由

目　次

第6章 ソーシャルを活かすマーケティング戦略 177

第1章 今までのやり方で売れないのはなぜか

いたるところに見られる変化のしるし

▽既存のビジネスモデルは壊れつつある

「今までのビジネスのやり方では、立ち行かなくなっている」

あなたのいる業界や周囲の業界を見ていて、このように思ったことはないだろうか。

今、あらゆる分野において既存ビジネスモデルが危機を迎えている。たとえば、かつて栄華を誇った新聞業界も、この10年ほどで日々の発行部数を計1000万部も落とし、新しいビジネスモデルの模索を余儀なくされている。それなら紙の新聞の販売からネット配信に移行すれば良いではないか、と思いがちだが、他社と明確に差別化されている日本経済新聞社を除き、どこの新聞社もネットでは苦戦を強いられているのが現状である。

小売業も大きな転換期を迎えている。今やアマゾン・ジャパンの推定国内売上高は1・5兆円強と、セブンイレブンの国内売上高（1兆円弱）をはるかに超える。今まで本屋やアパレルショップ、スーパーで買い物をしていた消費者の多くは、安い商品を見つけやすく、家まで届けてくれるＥＣサイト（通販サイト）を当たり前のように利用するようになった。

挙げ句の果てには、店頭で良いものを見つけたら、同じ商品を値づけの安い通販サイトで探して購入するといった事態も起きている。おかげで地方の百貨店は相次いで閉店しているのが現状だ。

このような傾向は、実証研究によっても確かめられている。筆者は、グーグル（Google）のサポートを受けて「Innovation Nippon」という呼称の研究プロジェクトを実施している。このプロジェクトで６０００人を対象に行った大規模アンケート調査分析によれば、さまざまな産業において平均して約25％はネット通販が利用されていることが明らかになっている。

「それは人数の少ない若い人だけの現象」と思うかもしれないが、実はこの割合は年齢にそこまで依存しない。そもそも最もネット通販利用率が最も高いのが30代であり、最も低いのが10代であったのだから驚きだ。60代は相対的に利用率が低かったのは事実だが、平均して20％はすでにネット通販で購入していた。

また、米国では、アマゾン（Amazon）の大型セールであるアマゾン・プライム・デーに、リアル店舗の来店客数が10～36％程度減少したという調査結果もある。

▽新型コロナウイルスで加速する既存ビジネス崩壊

さらに、この流れは２０２０年に追し寄せた新型コロナウイルスの影響で加速している。ウイルス感染拡大防止のため「外出自粛要請」が出され、多くの産業が打撃を受けることになった。

東京商工リサーチの調査発表によると、少なくとも調査に回答した上場企業のうち４１０社が売上高や利益の減少などの業績予想を下方修正し、マイナス幅の合計値は売上高が３兆３５３３億円、最終利益が２兆６０１６億円に達している。また、新型コロナウイルスによる影響が出ている企業割合は、１位が道路旅客運送業（１００％）、２位が宿泊業（96・５％）、３位が飲食店（91・７％）、４位が生活関連サービス業（90・０％）と続いている。

製造業も業績を大きく下方修正した。前述の業績を下方修正した上場企業４１０社の中で、40％を製造業が占めており、たとえば総合電機メーカーのパナソニックは売上高予想を２５００億円下方修正している。

このように、グローバル単位で人の移動が制限される中、既存ビジネスは深刻なダメージを受け、グローバルな危機に対する脆弱性が明らかになった。

他方、社会の情報化によって新たに誕生したサービスは好調なものが多い。動画配信サービスのネットフリックス（Netflix）は、新型コロナウイルス感染を防ぐ「巣ごもり」を背景に有料会員を増やして２０２０年１～３月期で最高益を更新している。マイクロソフト（Microsoft）もクラウドの利用拡大、ゲーム利用の増加により、前年同期比15％増の売上高を第3四半期決算にて計上した。

GAFAといわれる米国の巨大4企業群（グーグル、アマゾン、フェイスブック〔Facebook〕、アップル〔Apple〕）もそれぞれ業績悪化どころかむしろ好調になっている。ロックダウン措置による需要が急増したアマゾンは売上高が前年同期に比べて26・4％増加しており、利用者数の増加したグーグル、フェイスブックも前年同期比で売上高が約15％の増加と、驚異的な成長を遂げている。

アップルは「物を売る」という製造業的側面を持っているためアイフォン（iPhone）やアイパッド（iPad）の売上減がダメージを与えたものの、アップストア（App Store）やアップル・ミュージックといったダウンロードプラットフォームによる売上高は前年同期比で16・6％の増加となり、総合的には増加となっている。

この新型コロナウイルスは、既存ビジネスと新たなビジネスの差を拡大させつつあるのだ。

∇マイクロソフトもビジネスモデル転換を迫られた

既存のビジネスモデルを成り立たなくさせた一因が、情報産業の発展にあることは間違いない。しかし、実はその情報産業においてさえ、既存のビジネスモデルは成り立たなくなり、ビジネスの転換を迫られることも少なくない。

パソコン用OSのウィンドウズ（Windows）で覇者となったマイクロソフトは良い例だろう。マイクロソフトは、世の中がパソコン中心からスマートフォン中心に移行していくにつれて、徐々に成長が停滞するようになった。

実際、マイクロソフトもスマートフォン市場に乗り出しているものの、そのシェアは悲惨なものだ。スマートフォンOSの市場では、世界のほとんどの国でアンドロイド（Android）とiOSがその95％以上を占める状況となっている。むしろ、それら以外のOSのスマートフォンが存在していることを知らない人も多いだろう。

マイクロソフトがスマートフォンOSで覇権を握れなかったのには、明白な理由がある。マイクロソフトは長年にわたり、パソコンなどへのウィンドウズ搭載にライセンス料を課すというビジネスモデルをとってきた。一方、グーグルが開発したアンドロイドは無料で提供されているOSであり、スマートフォンメーカーもユーザもライセンス料を支払う必要がないうえ、性能も優秀だ。これでは有償提供のウィンドウズ的ビジネスモデルがやがて敗れ去ることは明らかであった。

そこでマイクロソフトは、従来のウィンドウズのライセンス料による収益モデルからの転換を図った。世界で使われているソフトウェアの「マイクロソフト・オフィス」を中心に、徹底的なクラウド化・オープン化戦略をとった。つまり、ウィンドウズ向けだけでなく、マックOSやiOSやアンドロイドなど、ほかのOS向けのオフィス製品を積極的に開発し、OSの垣根を越えた連携がクラウドを介して簡単にできるようにしたのだ。

以前は、マイクロソフトにとって、オフィス製品は主力商品であるウィンドウズの価値を高めるために存在していた。従来の収益の中心はウィンドウズというOSであり、オフィス製品はウィンドウズOSを選びたくさせるため、ユーザを囲い込むために存在していた。

その戦略を転換し、便利さを追求したオフィス製品を収益の中心に据え、オフィス製品で稼ぐビジネスモデルへと変革したのである。その結果再びマイクロソフトは大幅な成長を遂げ、時価総額1位（2019年5月時点）の企業に返り咲いたのである。

▽日本企業の変化への対応は遅すぎる

このような既存のビジネスモデルの行き詰まりや、それに気づいた企業の方針転換は、世界共通で起こっていることである。しかし残念なことに、とりわけ日本企業は、この変化に完全に取り残されてしまったと指摘される。

そのことを端的に表しているのが、日本企業の時価総額の推移だ。世界の時価総額ランキングを見ると、平成元年にはベスト10にNTTや日本興業銀行など日本企業7社がランクインしており、まさに「経済大国日本」を象徴していた（表1－1）。

ところがそれが令和元年には、ランクインしている日本企業は0社になる。代わって入ってくるのが、アップル、アマゾン、アルファベット（グーグルグループの持ち株会社）といった、新たなビジネスモデルで覇者となった米国の企業群である。8社が米国企業で、残りの2社は中国企業が占める。日本企業はベスト10落ちしただけでなく、ベスト50にも1社（トヨタ自動車）しか入っていない。

ビジネスモデル転換がうまくいっていないことは、生産性（1人当たり労働生産性）からも読み取

	平成元年			令和元年		
順位	企業名	時価総額（億ドル）	国	企業名	時価総額（億ドル）	国
1	NTT	1638.6	日本	マイクロソフト	9477.4	米国
2	日本興業銀行	715.9	日本	アマゾン・ドット・コム	8739.2	米国
3	住友銀行	695.9	日本	アップル	8055.1	米国
4	富士銀行	670.8	日本	アルファベット	7671.8	米国
5	第一勧業銀行	660.9	日本	フェイスブック	5065.9	米国
6	IBM	646.5	米国	バークシャー・ハサウェイ	4849.3	米国
7	三菱銀行	592.7	日本	テンセント・ホールディングス	4026.9	中国
8	エクソン	549.2	米国	アリババ・グループ・ホールディング	3838.9	中国
9	東京電力	544.6	日本	ジョンソン&ジョンソン	3482.1	米国
10	ロイヤルダッチ・シェル	543.6	英国	JPモルガン・チェース	3437.3	米国

表1-1　平成元年・令和元年の時価総額ランキング（出典：平成元年の時価総額ランキングはダイヤモンド・オンラインより。令和元年の時価総額ランキングは、180合同会社発表データのうち、2019年5月のデータを用いた）

ることができる。日本生産性本部の調査によると、日本の製造業の生産性は2000年まで8・8万ドルと、OECDで第1位を誇っていた。しかしその後、製造業の生産性はほとんど横ばいのまま推移し、2017年もわずか1万ドルプラスの9・8万ドルとなっている。

当然その間、他国は技術革新を積極的に生産現場に取り入れ、生産性の大幅な向上を図った。たとえば2000年時点に8・0万ドルで第3位だったスイスは、19・2万ドルと2倍以上に生産性を向上させている。米国も、7・9万ドルから14・1万ドルまで伸びている。

その結果、2017年時点での日本の製造業生産性のOECD内順位は、何と第14位にまで下がってしまった。これが「ものづくり日本」の現状である。

統計データが示しているのは、情報社会になって起きた変化への対応の遅れだ。「情報社会」といっても明確な定義はないが、概ね「物や人に付随する大量の情報に価値を置き、情報の利用、創造、流通などが重要な意味を持つ社会」のことだ。

つまり、情報が、石油や鉄、人的資源などと同等の「価値の源泉」になった社会である。日本の生産性の低さは、この情報社会への変化に日本企業が対応できていないこと、高付加価値のものを生み出せていないこと、そして問題を乗り越えるためのビジネスモデル変革ができていないことの現れである。

かつて日本が躍進し、世界で一、二を争う経済大国であった時代に働き盛りだった世代の方々には、これは認めがたいだろう。しかし現実として、世界の国々が憧れたり嫉妬したり、多くの人が学びに来たりしていた日本の姿は、残念ながら過去のものとなりつつある。

技術革新と価値観の変化をとらえよ

▽技術革新が既存ビジネスを破壊するという意味

これを打開する施策を検討しなければならない。しかし、そもそもなぜ最近になってこのようなパラダイムシフトが各産業で起こっているのだろうか。その理由は、テクノロジー側の「技術革新」と、人々の「価値観の変化」という2つに集約される。これらは良くいわれることではあるが、両者の相乗効果も含めて、その意味を改めて考えてみる価値がある。

1つめの技術革新は、昔から数多のビジネスを破壊してきた。たとえば身近なところでいうと、交通手段がわかりやすい。かつて徒歩や馬車が主流だった時代から、技術革新によって鉄道、自動車、飛行機が次々と新しく生まれ、最終的にほぼ完全に置き換わって現代にいたっている。馬車というとはるか昔のことのように思うが、実は20世紀初頭まで実用的な交通手段として盛んに使われていたものである。しかし、その後自動車や鉄道が欧米で主役となるのに大して時間はかからなかった。技術革新と置換がいかに早かったかが良くわかる。

コミュニケーション手段も同様の変遷をたどった。手紙・書簡が主流だったものが、電報という画期的なものが生まれて急速に普及した。しかしそれも、固定電話の普及により劇的に量を減らし、その固定電話ですら最近では携帯電話（スマートフォン含む）に取って代わられて姿を消しつつある。そのほか、家電やメディアなど、実に多くの産業が技術革新と共に変化して行った。

実用的な分野だけでなく、娯楽・余暇の領域である音楽についても考えてみよう。音楽市場はレコード盤から始まり、カセットテープ、CD、そしてデジタル財へと変化が起きている「「財」とは、経済学で人の欲望・需要を満たすもののこと。多くの場合は何らかの対価を払って入手する製品・サービスを指す」。

レコードは1900年代初めから市販され、人々の音楽の楽しみ方を変え、レコード産業という新しい産業を生み出した。しかし、レコードを聴くときは専用の再生機が必要であり、レコード盤はサイズが大きく持ち運びが難しかった。その後持ち運びが容易なカセットテープが１９６０年～１９７０年代から普及しはじめ、カーオーディオなどこれまでレコード盤を使うことの難しかった場所でも音楽が聴けることから台頭し、世界的な成功を収めたソニーのウォークマンも登場した。

そして１９８０年代にさらに性能の優れたＣＤが誕生し、主流な音楽メディアとしての立場を確立した。ＣＤはそれまでのデバイスよりも、安定して高音質での音楽再生が可能で、しかも小型であるといった利点があったため、２００３年ごろには世界の音楽市場の95％を占めるまでになった。

しかし、近年になってストリーミングサービスやダウンロードサービスが普及すると、ＣＤを買わなくてもパソコンや携帯電話で音楽を聴けるようになった。さらにスマートフォンが普及して、これを再生機とする利用が広がると、ＣＤは音源入手のためにも再生のための媒体としても中心的役割を果たすことはなくなった。

日本では未だにＣＤがそれなりのシェアを誇っているが、世界では状況はまったく異なり、たとえば米国では音楽市場の実に65％をストリーミング配信が占めている（２０１７年）。また、日本と異なり実は世界の音楽市場は急速に成長を遂げており（Ｖ字回復）、そのけん引役がストリーミング配信なのである。

∇つながりと体験を重視する価値観へのシフト

そして２つめに挙げた「価値観の変化」とは、近年の若者を中心に見られる極めて大きな変化である。昔の消費者は物の所有に価値を見出していたが、現代の消費者、とりわけ若者は、つながりや体験を重視する価値観を持つようになったということだ。

これを読んでいる皆さんも、「若者が車を買わなくなった」というニュースを読んだことがあるのではないだろうか。実際、世帯主が29歳以下の乗用車保有率（新車）は29・9％と、40～59歳の61・2％の半分にも達していない。

この「若者の車離れ」の理由として良く挙げられるのが、経済的な事情である。確かに、そもそも世帯主が29歳以下の家庭は40～59歳よりも圧倒的に収入が少ないため、新車購入率が低いのは当然である。さらに、長年にわたり所得が伸びづらい状況が続いたことから、若者の経済事情は良くない。では、本当に経済的な理由だけで若者は車を買わなくなったのだろうか。

そのような若者の消費行動を考える際には、若者の価値観の変化も見逃してはいけない。つまり、車を「買えない」のではなく、そもそも買いたいと思わないということである。これは先に挙げた「技術革新」の結果でもある。

技術革新によりネットが普及し、さまざまな人が頻繁にコミュニケーションをとる「情報社会」になった結果として、若者たちを中心に価値観が大きく変化している。

それは、物の豊かさや富を築くこと、所有することを重視していた従来の価値観から、つながりや感謝されること、そして心の豊かさを重視する価値観への変化である。ここでいう「つながり」とは、親友との強固なつながりというよりは、ネットが可能にしたより緩いつながりである。動画共有サイトでほかの人の作った動画を観て楽しみ、ソーシャルメディア[1]上で友人・知人と交流するというようなつながり方のことで、このことを、車を買ってドライブをするよりも楽しいと感じているのだ。

ソーシャルメディアが若者の目に非常に魅力的に映るのは、そこで簡単に自己を表現することができ、同時に、他者の表現を受け取ることができる点にある。そのため、「若者は金を使わない」といわれ、実際に彼らは多くのサービスを無料で利用しているにもかかわらず、自己を表現するためにスタンプ（気持ちやメッセージをイラストで表したもの）を購入するのには躊躇いがないのである。

そのように、所有することにそれほどこだわらなくなった彼ら彼女らにとっては、余暇の過ごし方としてドライブが魅力的に感じられないだけでなく、「（高い）車を所有している」というステータスさえあまり魅力に感じない。

たとえば、小学生の将来なりたいもの・就きたい職業にユーチューバー（YouTuber）がランクインして話題になったことがある。今の若者にとってのヒーローは、人気ユーチューバーであり、大きなＬＩＮＥグループを管理している人であり、インスタグラム（Instagram）で多くのフォロワーを抱えている人なのである。それらが魅力的に映るのは、それによってお金を稼いでいるからではなく、多くの人を喜ばせるような価値を提供していて、実際に感謝されたり称賛されたりしているからだ。社会の情報化が人々の価値観を変えているのである。

このように価値観が変化している中では、従来のようなビジネスモデルやマーケティング手法では収益を上げることができない。このような背景を無視して、売上の低下を「若者がお金を使わなくなった」からだと、どこかで聞いたような言葉で片づけてしまうと、情報社会のビジネスから取り残されるだけである。

▽技術革新と価値観の変化の相互作用が新市場を生む

たとえば音楽産業では、音楽CDは買われなくなって行き、音楽配信も振るわない日本市場において、音楽コンテンツ単体で見ると、「売上高は下げ止まっている」というくらいの判断になるだろう。実際2013年ごろから2019年まで、市場規模は約3000億円付近で横ばいである。

しかしその一方で、人々がライブに積極的に行くようになっていることをご存じだろうか。コンサートプロモーターズ協会の発表によると、ライブの年間売上高は2000年には約800億円だったものが、2018年には約3400億円にまで成長しており、何と4倍以上になっている。

これは、情報社会になってコンテンツが溢れるようになる中で、現実の「体験」の価値が相対的に高まってきているためである。情報社会だからこそ、逆に非バーチャルの価値が高まって行く。まさに、価値の源泉が大きく変わりつつあるといえる。

1　ソーシャルメディアとは、コミュニケーション、コンテンツのシェアなどが可能なネットサービスのことを指す。5ちゃんねるなどの電子掲示板、LINEなどのメッセージアプリ、フェイスブックなどのSNS（ソーシャル・ネットワーキング・サービス）、食べログなどのクチコミサイトなど、情報シェア可能なあらゆるネットサービスを指す。

このような例は数多くある。たとえば写真産業は今、大きな転換期を迎えている。デジタルカメラや携帯電話の普及に伴い、フィルムや写真プリントの需要が急激に減少し、フィルム出荷数はピーク時の1998年からわずか10年で10分の1になった。そして、写真店も減少し、ピーク時には全国3万4000店舗あったのに、2013年時点で9000店舗まで減少してしまった。

背景には、技術革新によって誰もがいつでも写真を撮ることができ、さらにそれを簡単に無料で誰とでも共有できるようになったことがある。この「写真の民主化」が進んだ結果、既存のビジネスモデルが崩壊しつつあるといえる。

その一方、その写真産業の周辺で急成長を遂げたジャンルもある。それは、フォトブック市場である。フォトブックとは、写真集のように製本した状態で写真をプリントしたもの。2006年には10億円以下であったフォトブック市場は、2018年にはその10倍以上の130億円にまで成長している。

フォトブックの用途としては、消費者がスマートフォンなどで撮影した子供の写真をフォトブックにして親族に郵送する、体育祭など行事の写真をフォトブックにして参加者に配布する、結婚式など重要なイベントでプロに撮ってもらった写真をフォトブックにして参加者に送るなど、実にさまざまである。これも、消費者が大量にデジタルで写真を撮影・保存できるようになった情報社会だからこそ、アナログの本の価値が相対的に高まった結果といえる。

「フリー」「ソーシャル」「価格差別」「データ」

▽変化に対応した新ビジネスモデル「FSP-D」

「技術革新」と「価値観の変化」は個別には良く語られているが、それらが相互作用を起こすことで思わぬ市場の変化を生み、ビジネスのあり方を変えてしまう。本書は、このような事象の相互作用が変化を加速させる時代において、企業が生き残るためにとるべきビジネス戦略を提示することを目的としている。

本書で示したいことは、今の「情報社会」における「技術革新」と「価値観の変化」の相互作用は、ある方向性を持ってビジネスに変化を引き起こしており、その状況下で1つのビジネスモデルが覇権を握るようになっているということである。

そのビジネスモデルは、「フリー（Free）」「ソーシャル（Social）」「価格差別（Price discrimination）」「データ（Data）」という、たった4つのキーワードで構成される。これを本書では「FSP-Dモデル」と呼称する。

これらのキーワードを、一度も聞いたことがないという人は少ないはずだ。しかし、多くの人は、これらを個々のものとして認識し、理解しているだろう。あるいは、「フリーなんて実際には儲からない」「ＳＮＳ（ソーシャル・ネットワーキング・サービス）活用などでソーシャルを意識しているがほとんど効果が見られない」「頭ではわかっているが何から手をつければ良いかわからない」など、見限ったり諦めたりしている人もいるかもしれない。

もちろん、これらは個々でも適切にビジネスに導入すれば、情報社会の人々の価値観や需要に沿った価値を提供し、大きな収益を上げる可能性がある。しかしそれ以上に強調したいのは、これらを組み合わせることによる相乗効果である。最近の成長著しい企業は、必ずといっていいほどこの4つを、正しい戦略のもとで組み合わせて利用している。

そのような企業の1つであるＬＩＮＥは、世界での月間アクティブユーザ数2億人以上を誇り、年間売上高も２０００億円を超える企業に成長した。フリマアプリで躍進したメルカリは、革新的なベンチャー企業の呼称である「ユニコーン企業」（非上場でありながら企業としての評価額が10億ドル以上で、設立10年以内のテクノロジー系企業のこと。70％以上を米中の企業が占めている。なお、メルカリは上場を機にユニコーン企業から外れた）に、数少ない日本企業として名前を連ねていた。「日本で唯一元気なコンテンツ産業」とまでいわれたモバイルゲーム産業も、これらの戦略の組み合わせで高収益・高利益を実現して行った。その結果、２０１８年における世界のアプリストアの売上高１０００億ドル超に対し、モバイルゲームは７００億ドル以上を占めるにいたっている（App Annie 調べ）。

ＬＩＮＥもメルカリも、モバイルゲーム産業の各企業も、後述するように「フリー」「ソーシャル」

「価格差別」「データ」を組み合わせたビジネスモデル、ＦＳＰ－Ｄモデルをとっている。ＦＳＰ－Ｄモデルで成功している企業が急増しているのは、「技術革新」と「価値観の変化」という社会や経済法則の破壊的変化を的確にとらえ、活かしているからにほかならない。

ビジネス戦略を立てられない人のための戦略書

▽ＦＳＰ-Ｄがわかれば何をすればいいか見えてくる

本書は情報社会の「ビジネスルールの変更」に対応を迫られている一方で、「成功するにはどういう戦略を立てれば良いかわからない」、「何から手をつければ良いかわからない」と悩んでいる人向けの本である。

本書の特徴は２つある。１つは、豊富な事例とデータ分析結果を提示すること。２つめは、それぞれの読者が具体的に情報社会のビジネス戦略を立案するうえで押さえるべきポイントと手のつけ方を示すことだ。

情報社会への移行のように、ビジネスに大きなパラダイムシフトが起こり、複雑化が進むと、これまでの経験則や勘では適切にビジネス戦略を立てることが難しくなってくる。筆者の専門である計量経済学は、理論に基づいて数学的モデルを構築し、統計学的手法によって定量的な実証分析を行う学問である。たとえば、ＧＤＰ（国内総生産）算出などに利用されている。筆者はこの手法を用いて、情報社会の新しいビジネスモデルや新たな経済原理・市場法則について実証的に研究してきた。

そして筆者は事業家・実務家ではない。そのため、ある特定の具体的な事業から掘り下げた知見を書くことはできないだろう。しかし、実務家ではないからこそ、利害関係から「秘中の秘」となるような知見を隠す必要がない。客観的・実証的に研究して得た知見をすべて本書に詰め込むことができる。

また、実務家のように、具体的事業の経験則に縛られないので、普遍的な学術研究をベースとした議論を行い、適度に抽象的な結論を導くことができる。適度に抽象的であるからこそ、さまざまな立場の人に応用しやすいと考えている。

先に挙げた4つのキーワード、「フリー」「ソーシャル」「価格差別」「データ」は、これまで個々に論じられることは多かった。しかし、今やそれらは有機的に組み合わされて利用されるようになり、フリー2・0、ソーシャル2・0、価格差別2・0、データ利活用2・0ともいえる新たな戦略——ＦＳＰ－Ｄモデル——を形成している。

本書では、このＦＳＰ－Ｄモデルを論理的・実証的に示し、情報社会の新しいビジネス法則を明らかにする。そのうえで、ビジネスの新規創造や経営に携わる人が、明日から手をつけるべきことは何かを提示して行く。

理想的には、自らのビジネスをＦＳＰ－Ｄモデルに基づいて再構築できることが一番いい。しかし、そのようなことが不可能であったとしても、世の中のビジネスがＦＳＰ－Ｄモデルの方向に動いていることを認識すれば、その一部を取り入れたり、あるいはその流れに便乗してうまく立ち回ったりすることで、収益拡大や経費削減につながるアイディアが湧いてくるだろう。

本書が、多くの日本のビジネスマンの、これからの活動に貢献できれば幸いである。

第2章 ビジネスを席巻するFSP-Dモデルの正体

限界費用ゼロがフリーを加速させた

∇「フリー」は実は昔からあった

この第2章は、FSP-Dモデルの全体像をかけ足で概観してもらうための章である。本章を読むと、昨今、急成長を遂げているビジネスの多くが、このモデルに則っていることに気づくとともに、読者が携わるビジネスにも少なからず影響を与えていることが理解できることだろう。まずは、「フリー」から考えて行こう。

ビジネスにおいてFSP-Dモデルの「F」である「フリー」、つまり「タダ」で何かを提供することは、決して最近出てきたものではない。

古い例でいうと、1900年前後に米国で「フリーランチ」が流行ったことがある。フリーランチとは、酒場へ顧客を引き寄せるために、無料の食事を提供するビジネス戦略である。消費者に課せられる条件は、飲み物を1杯以上注文するというものだった。

一見すると、食事をタダにするなど飲食店の首を絞めそうなものである。しかし、これは大成功を収めることになる。結局、多くの客は2杯以上の飲み物を頼んだり、リピーターになったりして、多くのお金を店に落とすことになったのだ。さらに、実際には葉巻や酒の価格を少し割高に設定してランチ代を補っていたこともあり（「この世にタダのものはない」というやつだ）、結果的に大きな収益を上げることとなった。

試供品の無料配布も、フリーを使ったマーケティングである。潜在的な顧客を摑まえてリピーターになってもらうだけでなく、良い評判をクチコミで広めてもらうことが狙える。認知度を向上させる広告と組み合わせればさらに相乗効果が見込める。結果的に、無料で試供品を提供したコストは正規商品の売上増加分で回収できるわけである。

▽情報財のフリーの裏にある「限界費用ゼロ」の意味

しかし、情報社会におけるフリーと、これまでのフリーには決定的に異なる部分がある。それは、情報財（情報産業が生み出す製品やサービスのこと。たとえば、テキスト、ニュース、音楽、映画、ソフトウェア、アプリ、データなど）の多くは限界費用が限りなくゼロに近いという点だ。限界費用とは、経済学用語で「生産量を1単位だけ増加させたときに追加でかかる費用」のことを指す。

たとえば、化粧品の試供品を配ることを考えてみよう。このとき、試供品を10個作るのと、11個作るのとでは、その生産コストは後者の方が大きいだろう。より現実的なスケールにして、1万、2万と、作る試供品の数を増やして行けば、そのぶん多くのコストがかかる。そのため、試供品によって顧客が増え、収益が増えるとしても、同時に増加するコストとのバランスを考える必要がある。

ところが、情報社会において主たる取引材料であり、多くの利益を生み出す情報財は、限界費用がほとんどゼロである。たとえば、映画を製作するのには大きなお金がかかるものの、その映画を、ネットを通じて1万人に見せるのも、2万人に見せるのも——つまり、動画の再生回数が1万から2万になっても——ほとんどコストは変わらない。

書籍も最初の版ができてしまえば、1回の印刷・製本で1万部作るのも1万0100部作るのも、コストはそれほど変わらないし、ましてや電子書籍ならばコスト増はほとんどゼロといって良い。新聞、書籍、音楽、ソフトウェア……すべての情報財がこのような特徴を有するため、「フリー」が格段に導入しやすいのである。情報社会は、主たる価値の源泉である情報財に限界費用ゼロという特徴があることから、「限界費用ゼロ社会」ともいわれる。

さらに、ネットが普及したことにより、流通のコストもほとんどゼロになった。どういうことかというと、たとえばコンテンツやソフトウェアを販売する際、昔はCDやDVDにパッケージをつけて販売していた。それらの限界費用は決してゼロとはいいがたいだろう。

しかし、ネットが普及したことにより、オンラインで音楽を聴き、映画を見て、ソフトウェアをダウンロードして利用することが当たり前になった。このような場合、わざわざパッケージに情報財を収める必要もないため、さらにコストが低減し、真の意味で限界費用ゼロ社会が訪れはじめているのである。

情報財にはフリーにさせる圧力がかかる

∇差別化ができない商品の価格は限界費用に近づく

経済学では、「市場競争が起こっている財（製品・サービス）で、どの企業から買っても差がないと消費者に思われているものは、価格が限界費用まで低下する」ことが知られている。このような財のことを「完全同質財」という。完全同質財は、競合する企業間でその財を差別化することができず、消費者から見てどの企業から買っても同じとみなされているもののことだ。商品・サービスが差別化できなくなることを「コモディティ化」とも呼ぶ。

これは考えてみれば当たり前である。ビールを例に考えてみよう。今、A社からビールが250円で販売されているとする。そこで、B社は寸分たがわないまったく同じビールを240円で販売しはじめた。すべてのお店で2つの商品が並んでいた場合、すべての消費者はB社のビールを買うだろう。そうなればA社はビールの価格を240円未満にし、顧客を奪おうとする。

これが価格競争であり、より安い方が消費者を全取りすることになる。最終的には両社とも、「採算がとれる最も低い価格」をつけるようになる。その価格とは、限界費用にほかならない。このようなメカニズムが働くため、歯ブラシのようにコモディティ化が進んでいる日用品は、非常に安く購入できるのである。

この理論で行くと、「限界費用ゼロ社会」ともいわれる情報社会では、コモディティ化した情報財の価格が著しく低下することが予想される。

新聞が苦境に立たされているのはこれが原因である。映画や音楽ならまだしも、日々のニュースは非常にコモディティ化しやすいため、無料ネットニュースが溢れるようになった。我々はヤフーニュースやスマートニュースを見れば、1日では読み切れないような大量のニュースを無料で得ることができる。その結果、明確に差別化できない新聞は、紙からネットへ移行しても思うように利益を上げることができないのである。

▽限界費用ゼロを逆手にとれば情報財で高収益が

しかしこれは同時に、情報社会の多くのビジネスがフリーと相性が良いことも示している。つまり、情報財の限界費用がゼロのため、基本利用を無料にするようなサービスや、無料で一部のコンテンツを配信して顧客を呼び込むようなマーケティング戦略が、ローリスクで展開可能である。無料で多くの消費者にコンテンツを提供しても、非常に小さいコストしかかからず、広範囲の消費者に提供できるからだ。実際、現代の我々の生活を支えているスマートフォンアプリのほとんどは基本利用が無料となっている。

さらに、追加で1単位を生産する費用が非常に小さく、ほぼゼロということは、一度制作したものが爆発的に普及すれば、圧倒的に大きな利益が得られることも示唆している。映画や音楽などのコンテンツも、ソフトウェアも、一度大ヒットしてしまえば企業に大きな利益をもたらす。これは、第1章で見た「令和元年時価総額ランキング」のほとんどが、情報財を取り扱う企業で占められていた理由でもある。

2009年に『フリー』(邦訳はNHK出版刊)という本を出した作家・編集者のアンダーソン氏は、「フリーは情報社会の主流となるビジネスモデルである」と述べている。技術革新によって崩壊しつつあるビジネスモデルや、コモディティ化が進み付加価値と利益を生み出せなくなってきているハードウェア・製品の製造に固執するのではなく、限界費用が低い財に目をつけ、フリーをベースにビジネス戦略を組み立てて行く時代が来ている。

しかし本当にフリーで儲かるのか

▽フリーにしたら損失と利益、どちらが大きい？

とはいえ、「無料で製品やサービスを提供する」ということに抵抗感のある人も多いだろう。無料で提供するということは、そこから直接には収益を生むことができないということだ。

それればかりか、せっかく有料で提供できる製品・サービスのビジネスチャンスを逃してしまったり、すでに提供している製品・サービスの競合になったりする可能性もある。このように自社の製品がほかの自社製品の需要を奪ってしまうことを、経営学では「カニバリゼーション」（共食い）という。

たとえば、同じチェーンの飲食店を近隣で出したり、単一企業で似たようなブランドの製品を多く出したりすることが当てはまる。このような場合、総売上はわずかに増えるかもしれないが、経営資源をいたずらに浪費し、コストがかさむことで非効率的な経営となる。そのため、カニバリゼーションは避けるべき戦略といわれる。

これまでカニバリゼーションとは、主に適切でない市場拡大戦略や、縦割り経営による企業内コミュニケーション不足が引き起こす似通った製品の開発の文脈で語られることが多かった。しかし、無料で提供する製品・サービスは、有料版から機能を制限したものであったり、品質を落としたものであったりするため、「似たようなブランド」よりもさらに代替的な製品・サービスとなりかねない。フリーにおいて、カニバリゼーションが極めて重要で、最も注意すべき現象なのは事実だ。

∇フリーによる成功例にはどのようなものがあるか

しかし実際には、多くの事例がフリーの有効性を示している。読者の皆さんも、基本機能は無料で提供し、付加機能には料金を課すビジネスモデルである「フリーミアム」の製品やサービスを、一度ならず使ったことがあるだろう。無料での利用者を「無料会員」「フリー会員」、有料での利用者のことを「有料会員」「プレミアム会員」と呼んだりする。フリーミアムは、「フリー＋プレミアム」の意味だ。

代表的な成功例の1つがスラック（Slack）だ。スラックは基本無料で利用できる、ビジネスチャットアプリである。このアプリでは、1対1のメッセージング、グループチャット、音声・ビデオ通話などさまざまなことができる。フリーで基本機能を利用することはできるが、通話は1対1でしかできないなどの制約がある。有料プランは月額850円と1600円の2つがあり（2020年5月現在）、ファイルストレージの大きさ、複数人での通話、検索の充実などでフリー版と差別化されている。

このアプリは2013年にサービス開始したものであるが、わずか6年後の2019年2月には、世界で日間アクティブユーザ数１０００万人を記録した。有料プランも８・５万社以上に導入され、さまざまな業種で活用されている。１５０以上の国で活用され、日本はスラックにとって米国に続く第２の市場といわれるほど利用者が多い。

また、国産マーケティングオートメーション（ＭＡ）ツールであるバウナウ（BowNow）も、フリーを使って躍進したサービスである。ＭＡツールとは、主にデジタル上の見込み客の情報を管理し、マーケティングにおける分析や処理などの諸作業を自動化・可視化するツールのことである。高額でリッチなサービスが多いＭＡ市場において、機能を絞ったライトなサービスを開発、フリーで提供する戦略で成長した。

フリー版はリード数（メールアドレス情報のあるユーザの数）や企業・ユーザログの期間に制限がある。しかし、短期間利用するには十分な機能を有しているため、初期はフリーで利用して、その後リードが蓄積されたら有料プランに移行するという使い方ができる。有料版には３段階の価格設定があり、ニーズに応じて使い分けることができる。２０２０年５月現在で３５００社に導入されており、「DataSign Web サービス調査レポート」によると、国内利用率第２位、国産では第１位のシェアを獲得している。

∇フリー版も十分使える・楽しめるものにする

これらの成功サービスに共通しているのは、「フリー版は機能を限定してはいるものの、それだけでも十分成立する」ということである。

前述したカニバリゼーションを憂慮すると、フリー版だけでは成立しないほど機能をそぎ落とすか、そもそもフリー戦略をとらないといったことをしてしまいがちである。しかし想像してみて欲しい。顧客の立場に立ったときに、そのように使いにくいフリー版をわざわざ試すだろうか。また、それによってそのサービスの魅力を感じることができるだろうか。

フリーでも十分にそのサービスによる恩恵を受けられるようにする。そのうえで、顧客のニーズに沿った複数の価格帯で十分に差別化された有料版を提供することが、フリーをベースとしたビジネスモデルでは重要になる。

▽「フリーの方が儲かる」という実証研究が多数ある

このようなことは、実証研究でも示されている。テキサス大学准教授のリュウ氏らは、モバイルアプリのフリーミアム戦略について調査するため、711のアプリを分析した。その結果、無料版を利用することによって消費者が良い体験をした場合、有料版の売上は大きく増加していた。その一方で、単純に知名度だけが向上する（多くの人が無料版を使ってみる）だけでは、有料版の売上にあまりプラスの影響を与えていなかったのである。

つまり、収益を増加させるためには、質の高い無料版を提供して消費者に良い体験をさせることが重要というわけである。

数々の研究結果もフリーの有効性を明らかにしている。前述のリュウ氏らの研究もそれを示唆しているし、筆者が日本の音楽産業や映像産業を対象に行った実証研究でもそのような結果が示されている。

音楽産業については、ユーチューブ（YouTube）でミュージックビデオ（以下ＭＶ）の無料配信を行うことで、楽曲の売上が増減するかどうかを分析した。ＭＶとは、宣伝などを目的に制作された、曲と映像を合わせた動画である。ＭＶはさまざまな形態があるが、中にはフルバージョンの楽曲を収録して無料で配信しているものもある。そのため、消費者がＭＶの視聴で十分に満足してしまい、ＣＤを買わなくなるという、カニバリゼーション効果が懸念される。

しかし、５００以上の楽曲の半年分の時系列データを分析した結果、ＭＶを無料で、ユーチューブで公開していると、ＣＤの売上が増加する効果が検出された。つまり、プロモーション効果がカニバリゼーション効果を上回っていたといえる。その定量的な効果は、ＭＶを無料で公開すると、そうでない場合に比べてＣＤの販売数が約19％増加するというものであった。

さらに、ＭＶを時間の長さによって区切って詳細に分析をした。短時間のＭＶはあまりＣＤの代替品にならなそうな一方で、長時間のＭＶはフルバージョンのものが多く、よりＣＤの代替品になっていることが予想されるためである。

しかし分析の結果は、大方の予想に反する効果を示した。何と、短時間のＭＶでは販売促進効果が見られなかった一方で、長時間のＭＶには大きな販売促進効果が見られたのである。

これは、先ほどの事例で見られたのと同様に「フリーでも十分にそのサービスによる恩恵を受けられるようにする」ことにより、その良さを十分に理解する消費者が増え、顧客をむしろ増やす効果が強くなって、より大きな収益を上げたのだといえる。

また、映像産業でも同様のフリーによる促進効果が検出されている。筆者が2011年秋期から2012年夏期の1年間に放映されたアニメ番組[2]について、無料での番組配信がDVDやBD（パッケージ製品）の売上に与える影響について分析したところ、無料配信することで約10％売上が増加することがわかった。[3]また、その効果はとりわけあまり知名度の高くない作品や、アニメオリジナルの作品（原作のないアニメーション）で大きかった。

第一のソーシャル＝ネットワーク効果を活かせ

∇「直接ネットワーク効果」とは何か

このようにフリーは情報社会のベースとなるビジネスモデルではあるが、多くの場合それと同時に、FSP－Dモデルの「S」である「ソーシャル」もビジネスに組み込んでいる。ただし、ここでいうソーシャルには、実にさまざまな意味が含まれている。大きく分けると「ネットワーク効果」と「ソーシャルネットワークによるマーケティング」の2つがある。

まず、多くのフリーのサービスは、ソーシャルの1つであるネットワーク効果（ネットワーク外部性）を活用している。ネットワーク効果とは、あるサービスや製品の利用者が増加することによって、結果的に、利用者にとっての効用（サービスの価値や満足度）が向上することである。さらにネットワーク効果は、直接的ネットワーク効果と間接的ネットワーク効果の2つに分類することができる。

直接的ネットワーク効果とは、ある財のユーザが増えることにより、ユーザ1人当たりの効用が直接増加する効果である。

電話を想像してみて欲しい。電話を購入することで、どれくらいの効用が得られるだろうか。どんなに電話が高性能であったとしても、まだ地球上のほかの誰も電話を所持していなかったら、電話をかける相手がいないのだから、電話の購入から得る効用（満足度）はゼロである。しかし、電話を利用する人が増加して自分以外にも多くの人が所持しはじめたら、電話を利用する機会も増え、電話から得る効用も増加して行くと考えられる。これが直接的ネットワーク効果である。その製品の品質は向上したわけではないのに、それを使っている利用者が増えるだけで、利用者はより大きな効用を得ることになる。

最近の身近な例でいうと、スマホアプリのＬＩＮＥで考えるとわかりやすい。自分の周りで誰も

2　テレビ番組というと視聴率との関係の方が重要そうであるが、アニメ番組の多くは深夜に放映されており、視聴率にあまり期待できない。そのため、ビジネスにおけるパッケージ製品やグッズの重要度が、一般的なテレビ番組よりも高い。

3　ただし、ほとんどの番組において。

ＬＩＮＥを使っていない場合と、自分の周りの全員がＬＩＮＥを使っている場合では、ＬＩＮＥから得られる効用は、明らかに後者の方が高いであろう。ＦＡＸ、電子メール、ＳＮＳなど、実に多くのものに直接的ネットワーク効果が働いている。

▽「間接ネットワーク効果」とは何か

その一方で、間接的ネットワーク効果とは、ある財のユーザが増えることにより、その財の「補完財」が充実し、結果的にユーザの効用が増加する効果である。補完財とは、たとえば、ＣＤプレイヤーと音楽ＣＤ、ゲーム機とゲームソフトのように、相互に補完する財のことである。

ＣＤプレイヤーにおいては、音楽ＣＤが増えれば増えるほど、ＣＤプレイヤー所持者が多様な楽曲を楽しめるようになるので、効用は高くなって行く。この世に１枚も音楽ＣＤが存在しなかったら、ＣＤプレイヤーを買うことはないだろう。音楽ＣＤが増えるほど、所持した際の効用が高くなるということは、購入前の期待効用も高まるため、新しくＣＤプレイヤーを購入する人も増えて行く。

他方、レコード会社側としても、ＣＤプレイヤー所持者が多いほど、ＣＤという媒体で楽曲を販売した場合の期待利潤が高まる。そのため、積極的にＣＤで販売するようになる。つまり、ユーザが増えることで補完財が増え、その結果、間接的にユーザ１人当たりの効用が増加する。これが間接的ネットワーク効果の全容である。

サービスや製品の基盤となるもののことを「プラットフォーム」と呼ぶが、いってしまえばプラットフォームといわれるありとあらゆるもので間接的ネットワーク効果は働いている。スマートフォンのOSをプラットフォームと見たときのアプリとユーザの関係や、LINEをプラットフォームと見たときのスタンプとユーザの関係がこれに該当する。

ネットワーク効果は、従来の経済学や経営学でいわれるようなブランド効果や価格効果とはまったく異なる性質のものである。これについて、ダートマス大学教授のジェフリー・G・パーカーらは著書の中で、情報社会前の巨大企業は、供給側の規模の経済（生産規模や生産量を高めるほど、生産コストが減少して企業の利潤が増えること）によって誕生したが、現代の巨大企業は需要側の規模の経済（ユーザ数が増えることでネットワーク効果が働くこと）によって誕生している、と表現している。

ネットワーク効果がビジネスに欠かせない理由

∇利用者の増加が加速して行く仕組みができる

多くのサービスがネットワーク効果を活かしてビジネスモデルを構築しているのには、主に2つの理由がある。

まず、同じ財（製品・サービス）でもユーザ数が多ければ多いほどユーザ1人当たりの効用が高まるということは、コストをかけて製品やサービスそのものの性能を向上させなくても、付加価値が勝手に高まって行くことにほかならないためである。

このようにある人の行動(誰かが新しくその製品を買う)が、別の人に影響を与える(結果として別の人にとっての製品の利便性が高まる)のようなことを、経済学用語で「外部経済」とか「外部性」などという。ネットワーク効果が「ネットワーク外部性」ともいわれる所以はここにある。

電話の例しかり、スマートフォンのOSの例しかり、財を高品質にしなくてもユーザが増えるだけで消費者の目には以前より魅力的に映り、さらに利用者が増えて行く構造となっている。企業と消費者の取引の外側の影響で効用が高まって行き、コストをかけずに付加価値をどんどんつけて行くことができるため、利益を生みやすい。

▽ネットワーク効果はフリーと相性が良い

もう1つは、フリーと非常に相性が良いためである。ネットワーク効果が働く製品・サービスにおいて最も重要なのが、最初に一定数以上の顧客を獲得することである。なぜならば、「ユーザ数が多いほど効用が高い」ということは、裏を返せば「ユーザ数が少ないと効用が低い」ということだからだ。このため、最初に一定数の顧客を獲得しなければいつまでも期待効用が低いままで、誰も購入・利用してくれないからである。

製品・サービスの普及率を時系列で追ったグラフ、普及曲線を考えてみよう。ネットワーク効果が働く財は、普及率がある点を超えると、期待効用が十分に高まることで正のフィードバック（事象の発生が同じ事象のさらなる発生を促すこと。雪だるま式の増加）が働き、爆発的に普及する。このとき、普及曲線はS字を描くこととなる。この急激な普及が始まる普及率のことを、「クリティカル・マス」という。ネットワーク効果が働く製品・サービスの場合、普及率がクリティカル・マスを超えることが、ユーザ数の爆発的な増加の条件となるのである。

そして、普及率のクリティカル・マスを超える方策として、フリーは非常に強力な武器となる。なぜならば、フリーというのは消費者にとって究極の参入コスト低減であり、気軽にその製品・サービスを利用することができるためだ。そのため、多くのネットワーク効果が働いているサービスがフリーを味方につけて成長している。

たとえばフェイスブックのようなＳＮＳは、ユーザが多ければ多いほど交流がしやすく、幅広くなり、ユーザ1人当たりの効用が増加する。つまり、典型的にネットワーク効果が働いている。では、フェイスブックが最初から月額５００円の有料サービスだったらどうだろうか。おそらくよほどフェイスブックに期待を寄せる一部のディープなユーザしか登録しようと思わないだろう。その結果、フェイスブックはほとんど人が集まらないサービスとなり、魅力もないので、やがてディープなユーザですら離れて行くことになる。

さらに、これらの「利用者の増加が価値を生み出す」「フリーと相性が良い」という理由に加えて、技術的にネットワーク効果を働かせるのが非常に容易になったということもある。

つまり、ネットやＩｏＴ（Internet of Things）の普及によって、さまざまな人やデバイスを１つのネットワークでつなげることが、従来に比べて格段にやりやすくなった。そのため、製品・サービスを提供するに当たり、人と人がつながってネットワークを形成するという要素を取り入れることが容易になり、ネットワーク効果の恩恵を享受するための仕組みを構築しやすくなったのだ。

第二のソーシャル＝バイラルマーケティング

∇マーケティング手法はどのように変遷してきたか

ＦＳＰ－Ｄモデルの「Ｓ」＝「ソーシャル」は、ネットワーク効果だけを指しているものではない。マーケティングにおけるソーシャル・ネットワーク・システムの影響も含まれる。

ボストン大学教授のアルシュタイン氏は、マーケティングトレンドの推移を、「シングルメッセージ→セグメンテーション→個人ターゲット→バイラル」とまとめている。

まず、１９８０年代まではシングルメッセージ（いわゆるマスに対して同一の広告を打つ旧来型のマーケティング手法）が主流であった。とくにテレビが普及したのちは、テレビＣＭは絶大な効果を誇り、大量生産・大量消費時代の消費を喚起した。

しかし１９９０年代になると、年代や性別によって消費者を分類するセグメンテーションが先端的マーケティング手法となり、特定の層を対象とした効率的な広告が流行った。たとえば、20〜30代女性をターゲットにダイレクトメールを送る、などである。

それもネットが一般的になる2000年代には、技術的に可能になったこともあり、個人を識別して個人の属性や購買履歴から適した広告を打つ個人ターゲットが主流となる。典型的にはアマゾンが我々に提供してくるレコメンドがそうだろう。アマゾンは、我々の購買履歴データを分析し、関心のありそうな商品をメールでお知らせするレコメンドを実施している。あの内容は個人個人で異なっており、まさに個人をターゲットとしたマーケティングの象徴といえるだろう。

実はSNSであるフェイスブックなども、このような個人ターゲットを行っている。フェイスブックはユーザの登録した情報やほかのウェブサイトも含む行動履歴を分析し、その人の嗜好に合いそうな広告が表示されるようにしている。また、ニュースフィードに投稿される友達やフォローしている人の投稿の順番も、これまでの閲覧履歴から、個人の嗜好に適した表示順になっている。

そして現在、2010年代に入ってソーシャルメディアが普及すると、個人をターゲットとしたネット広告からさらに一歩進み、消費者間の情報シェアやコミュニケーションによる広まりを前提として、ソーシャルメディアで消費者が紹介（クチコミ投稿）しやすいようにするバイラルマーケティングが台頭した。バイラル（viral は本来、「ウイルスの」「ウイルス性の」という意味）という言葉が使われるのは、ウイルス感染のように拡散されて行くためである。このバイラルマーケティングも、FSP－Dモデルにおける重要なソーシャル要素である。

▽バイラルマーケティングの成功例・失敗例

バイラルマーケティングは、現在あらゆる業種で活用されている。

たとえば、2015年にキリンビールの人気商品「淡麗グリーンラベル」のリニューアルを記念して行われた「ツイッターおにごっこキャンペーン」がある。この事例では、参加者はキャンペーンサイトでログインし、ツイッター（Twitter）で「#イインダヨ」とツイートする。そして、キリン「淡麗グリーンラベル」のキャンペーンアカウントから、30分以内に「#グリーンダヨ」と返信されなければ、抽選で毎日100名に淡麗グリーンラベル缶6本パックが当たるという企画であった。

本キャンペーンは、消費者間でのクチコミも広がり、わずか1週間で総投稿数3万という大規模なキャンペーンに発展した。投稿者にはフォロワーがいるはずなので、実際に本商品のリニューアル情報を見た人は、その何倍にもなっただろう。

「おにごっこ」というゲーム性をキャンペーンに持ち込んで、消費者が自発的に参加するように促したことや、ターゲット層が参加しやすい時間帯の1時間（20時~21時）に限定してキャンペーンを行ったことが、成功した要因と考えられる。

また、ワービー・パーカー（Warby Parker）という、ニューヨーク発の通販メインのアイウェアブランドでの成功例も紹介しよう。この企業は2010年に学生が創業し、創業当時はオンラインストアのみであった。ファスト・カンパニー（Fast Company）が発表している「世界の革新的企業

（World's Most Innovative Companies）」ランキングで1位を獲得したこともある。

この企業が行っている人気のキャンペーンに、「ホーム・トライオン（Home Try-On）」というものがある。このキャンペーンでは、消費者は5つまで眼鏡を注文し、5日間自由に試着することができる。ただし、消費者はハッシュタグ「#warbyhometryon」つきでインスタグラムに試着姿を投稿する。

このキャンペーンは大成功を収めるが、その理由は次の2つである。まず、消費者にとっては、通常なら試着が難しい通販にもかかわらず、眼鏡を5つも試着できるうえ、その試着が似合っているかどうか、フォロワーやハッシュタグに集まった他人の客観的な意見を聞くことができる。実際、試着者はコメント欄でほかのユーザとコミュニケーションをとっている。これは実店舗に比べて試着や接客などのリアルな体験を提供しづらいオンラインストアの欠点を補うため、ストア外のソーシャルメディアで体験を提供する試みといえる。

そして、企業側にとってもメリットは大きかった。試着した姿を消費者がSNSに投稿するということは、自発的に自社の宣伝をしてくれるということだからだ。眼鏡を送る送料はかかるとはいえ、それに見合う宣伝効果とブランディング効果を得ているといえる。

ほかには、2008年にサービス開始したクラウドサービス、ドロップボックス（Dropbox）の事例がある。ドロップボックスは、基本は無料で利用できるものの、容量や機能を拡張するためには複数の有料プランのうちいずれかに入らなければならないビジネスモデルとなっている。

今では非常に有名になったサービスであるが、サービス開始当初はユーザの獲得、とりわけ有料ユーザの獲得が難航していた。ネット広告を出すことで一定のユーザ数は獲得できたものの、広告費をかけて獲得したユーザが有料ユーザになってくれず、ビジネスとして破綻しかけていた。

そこで、フリーで利用しているユーザに対して、「新規ユーザを紹介したらストレージの容量を増やす」というプロモーションを実施した。その結果、広告に多く投資していた時期とは比べものにならないほどユーザ数が増加し、フリーのユーザが圧倒的に増えたことで、自動的に有料ユーザも増えるにいたった。

このように、バイラルマーケティングは多くの成功を収めているものの、もちろん失敗しているものもまた多く存在する。たとえば、海外マクドナルドの公式ツイッターのキャンペーン失敗がある。マクドナルドは、２０１２年にツイッター・アカウントを使って以下のように呼びかけた。

「"When u make something w/pride, people can taste it." - McD potato supplier #McDStories」

要するに、#McDStoriesというハッシュタグつきで、マクドナルドにまつわる話を投稿して欲しいというものである。消費者にマクドナルドに関するちょっと良いエピソードをハッシュタグつきでツイッターに投稿してもらうことで、顧客エンゲージメントを高めるのが狙いだったのだろう。このハッシュタグのキャンペーンをツイッター上で広めるためにお金も投じていた。

しかしながら、この呼びかけは開始1時間も経たないうちに明らかな失敗となってしまった。ハッシュタグつきの話はマクドナルド側の意図と反し、「マクドナルドで異臭がした」「バーガーを日なたに1週間放置しても腐らなかった」「ビッグマックに爪が入っていた」など、マクドナルドへの批判投稿で溢れたのである。

これらが事実を投稿したものかどうかはわからないが、少なくともマクドナルド側の狙いとはまったく異なるものとなってしまい、キャンペーンはすぐに中止された。

しかし、このようなソーシャルメディアのキャンペーンは、仕掛け側がすべてコントロールできるわけではない。結局、ハッシュタグつきの批判はしばらくなされたとされている。

∇バイラルマーケティングを成功させるには

これらの事例から、バイラルマーケティングを成功させるために重要な要素として、次の3つを上げることができる。

①消費者の持つネットワークを活用する。
②消費者に自発的な参加を促している（メリットが明確である・面白さや美しさがある）。
③キャンペーンの目的が明確になっている。

たとえば、ドロップボックスの事例では、消費者にとって明確なメリットがあり、消費者がプロモーションに自発的に参加するインセンティブがあった（②）。また、紹介システムは消費者のネットワークを利用してユーザを増やして行く手法である（①）。さらに、キャンペーンの目的は「ユーザを増やす」という1つに絞られていた（③）。

その一方で、海外マクドナルドの事例では、①は満たされていたものの、消費者にとってはメリットも、かといってゲーム性もないうえ（②）、そもそも企業にとってのキャンペーンの目的も1つに絞られていなかったといえる（③）。

バイラルマーケティングは比較的安価で実施できるため、今では多くの企業が取り組んでいる。しかし実際には、ただやれば効果を生むという類のものではなく、場合によってはむしろネガティブな効果を生んでしまう。上記のポイントを押さえ、適切な戦略を立てる必要がある。

∇有効性示す各種調査――60％の企業が手ごたえ

バイラルマーケティングを含むソーシャルメディア活用は、すでに多くの企業において効果が実感されているようだ。NTTコムリサーチの調査によると、ソーシャルメディアを活用している企業のうち実に58％が、活用によって新規顧客数が増加したと考えている。また、顧客単価の増加も44％の企業が実感している。さらに、顧客満足度の向上や苦情・クレームの件数減少といった効果もあるようである（図2-1）。

また、日経BP社の消費者調査「ソーシャルメディア情報の利活用を通じたBtoC市場における消費者志向経営の推進に関する調査」によると、とくに安価な価格帯の製品・サービスを提供す

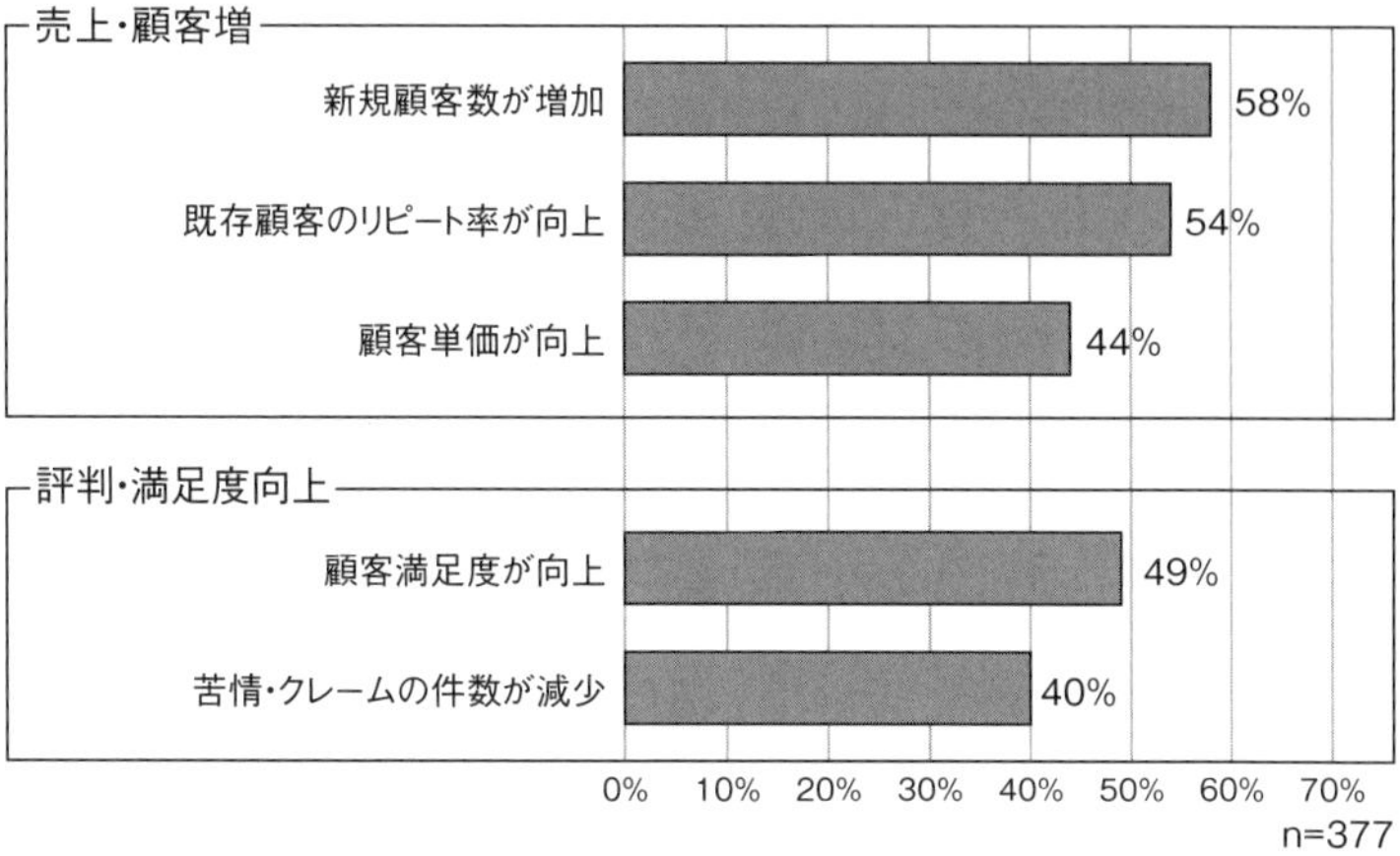

図2-1　ソーシャルメディア活用の効果（出典：NTTコムリサーチの「第7回企業におけるソーシャルメディア活用」に関する調査結果」より筆者作成）

るファストフードやコンビニエンスストアについて、企業のソーシャルメディア公式アカウントのフォロワーが、当該企業の商品の購入にいたったり、購入候補に加えたりする効果が大きいようである。そして、スポーツブランドやレジャー施設（テーマパークなど）のような固定ファンがついている業種では、ソーシャルメディアによって好感度を高める効果が高かった。

さらに、ソーシャルメディア活用は、企業ウェブサイトのようにすべてをゼロから構築する手間がない。すでにあるプラットフォームの基本的に無料で提供されるサービスを利用するので、少ないコストでできることも特徴である。そのため、資金力の乏しい中小企業にこそ効果的である。

実際、日本においても、市場調査会社イプソスの調査によると、中小企業のうち94%が、ソーシャルメディアの1つであるインスタグラムについて「顧客にリーチし、エンゲージするために重要なプラットフォームである」と考えており、48％が「インスタグラムが新規顧客の来店につながっていると感じている」という結果が出ている。

∇ソーシャルメディアは情報収集ツールである

このように企業のソーシャルメディア活用が効果を持つ理由は、ソーシャルメディアを利用している消費者が非常に多いこと、そして何よりソーシャルメディアによって情報収集している消費者が多いことにほかならない。

しかし、消費者によるこのような情報収集は、ビジネスにプラスに働いているのだろうか。製品やサービスの情報がネットやソーシャルメディアで簡単に手に入るようになったため、消費者の行動が堅実なものになり、むしろ売上を押し下げてはいないだろうか。

筆者らの研究チームがグーグルのサポートを受けて実施している研究プロジェクト「Innovation Nippon」は、対象者約6000人というかなり大規模なアンケート調査分析を行い、近年の消費者がいかにネットで情報収集を行っているかを明らかにした。これは第1章で引用した研究と同様のものである。

それによると、製品・サービスの購入前に事前にネットで情報収集する人は非常に多く、とくに「旅行・アウトドア・レジャー」や「家電など」では実に70％を超えていた。

そのうえで、ネットでの情報収集がなかった場合に支出したであろう金額と、実際の金額との差分を取得し、そこからマクロ経済効果推計モデルによってネットでの情報収集の消費押上げ効果を推計した。

その結果、何と年間8兆円の消費が、ネットでの情報収集によって押し上げられていることが明らかになった。誤解のないように説明すると、これは「8兆円の消費にネットでの情報収集が関わっている」という意味ではない。ネットでの情報収集がない場合と比べて、「ネットでの情報収集によって8兆円の消費が追加で行われた」ことを示している。内訳では、「旅行・アウトドア・レジャー」が最も消費押上げ効果が大きく約2・56兆円で、次いで高いのが「服・バッグなど」の約1・33兆円となった。

8兆円というのは、日本の家計消費全体に対してどのくらいの大きさなのだろうか。2015年の家計消費額は約285兆円であるので、8兆円は何とその2・8%を占める計算となる。

さらに、同プロジェクト内ではより詳細な消費者行動の実態を知るために、20代の若者10人へのヒアリング調査も行った。その結果、驚くべきことに、ソーシャルメディアをコミュニケーションというより、情報収集をメインの目的として使っているという若者が少なくない実態も明らかになった。多くの若者は、自分の友人（ネットだけのを友人含む）よりもはるかに多く、店舗やインフルエンサー[4]、そして情報サイトのアカウントなどをフォローしていたのである。また、好きな話題

4　（主にネットをとおして）世間に大きな影響を与える人物のこと。従来のタレントなどの有名人だけでなく、インスタグラムで多くのフォロワーを抱えるインスタグラマーや、アクセスの多いブログを運営する人気ブロガーなどさまざま存在する。

のハッシュタグをフォローするハッシュタグフォローも利用されていた。

このようにして100、200と多くのアカウントを情報収集のためにフォローしておいて、目に留まった情報を自分の中にストックする。そしていざ旅行や外食に行く際に、「そういえばここに行きたかったな」と思い出して行き先を選択したり、服などを購入する際に「これが欲しかったな」「これと似たようなのを購入しよう」などと考えたりして買うものを決定するのである。

実際、「インスタグラムで気になったから」という理由でお店や旅行先を選択している学生は、筆者の教え子の中にも非常に多く存在する。旅行先を決める際には必ずインスタグラムで上がっている写真で判断していたり、ショップ店員のアカウントをフォローすることで「身近さ」を感じ、購買につながっていたりするのだ。これが先ほどの8兆円の消費押上げ効果を生み出しているからくりである。

∇「発信するための消費」とは何か

ネットが消費に関わるのは、何も情報収集だけではない。ソーシャルメディアに投稿する写真を撮る目的で、商品やサービスを消費するといった、いわゆる「発信するための消費」も誕生している。

写真に撮ってネットで公開したときの見栄えがいいことを、それが広く行われているインスタグラムからとって「インスタ映え」と呼ばれている。この言葉が2017年に新語・流行語大賞をとったことを覚えている人も多いだろう。実際にインスタグラムやツイッターを閲覧していると、綺麗なパンケーキの写真や、高級ホテルのビュッフェの写真などをよく見かける。

ＳＮＳで見栄えのする写真にするには、単にきれいな写真というだけでなく、その写真の背景的意味合い（写っているのが有名で予約のとりづらいレストランであることなど）も含まれているとなお良い。

最近話題になった例でいうと、夜に営業するナイトプールのブームが挙げられる。東洋経済オンラインによると、ホテルニューオータニではナイトプールを２００１年から営業しているが、２０１５年ごろから急激に入場者が増加したといわれる。外来客の入場料は約１万円と高価なのにもかかわらず、行列ができるほどの人気を博しているらしい。そして、夜間はプールをライトアップしてＤＪを招いたイベントなどを行っている。

このナイトプールのブームはニューオータニだけでなく、いたるところで起きており、テーマパークやホテルが次々とナイトプールに力を入れて広告を打っているのを見た人も多いだろう。

また、以前、筆者はオーストラリアの方から、次のようなエピソードを聞いたことがある。ほんの数年前までオーストラリアでは安くてボリュームのある、しかし見た目にはあまり気を使っていない飲食店が主流であった。しかしインスタグラムが普及してからは、見た目重視の飲食店が急増し、そのぶん値段も上がったようである。インスタグラムという1ソーシャルメディアの力によってビジネスにおける価値の源泉が変わり、その結果、それに対応できなかった店舗は自然淘汰されて行ったのだ。

なぜこのような発信するための消費をするのだろうか。これには、２つの解釈がある。１つは「顕示的消費」の延長線上という解釈である。顕示的消費とは、米国の経済学者であるヴェブレン氏が100年以上前に提示した概念である。ヴェブレンは、有閑階級〔財産を持っているために生産的労働に従事しなくて良いような階級〕が、己の階級を誇示するために、宝飾品や高級自動車など性能以上に高額なものを消費・所有することを顕示的消費と呼んだ。

これと同じように、有閑階級に限らず多くの人が今、ソーシャルメディア上で自分の充実した生活を誇示するために顕示的消費を行っているという見方だ。ただし、現代においては価値観が多様化しているため、ただ高いだけのものを見せるというのではなく、綺麗な風景の中や施設にいること、カラフルでレアな食べ物を体験していることなど、さまざまなものが称賛の対象となり得る。そして、多くのソーシャルメディアに備わっている「いいね！」機能は、顕示的消費の裏にある承認欲求を簡単に満たしてくれる。

ただし、もう1つ、自己表現の一環であるという解釈もある。つまり、自分は、ソーシャルメディア上に投稿した内容（写真）のようなものが好きだと、表現することそのものが喜びなのである。実際、上げられている写真は必ずしもキラキラしているものに限らない。そしてそのような投稿をすることから、自分と似た感性を持った人とつながれるかもしれないとも、期待できる。

この「自己表現」という解釈が成り立つ場合であっても、そのために追加の消費が行われることは十分あり得る。たとえば好きなアーティストについて発信するためにグッズを買ったり、自分の好きなお店を色んな人にも知ってもらいたいから発信したりするだろう。

▽インスタ映えの経済効果は7700億円

このように、いわゆる「インスタ映え」は、発信するための新たな消費を促すため、経済効果があることがわかっている。筆者らの研究チームは、先ほどの情報収集による消費押上げ効果と同様に、同じアンケート調査データを使ってインスタ映えの経済効果についても分析を行った。具体的には、「意思と関係なくSNSに投稿できなかった」という仮想的な状況を設定し、その場合に支出したであろう金額と、実際の支出額を回答してもらい、その差分を算出した。

そのうえで、マクロ経済効果推計モデルによって、ソーシャルメディア投稿による消費押上げ効果を消費の分野ごとに推計した結果、年間約7700億円の追加消費が生み出されていることが明らかになった[5]（図2-2）。内訳では、「旅行・レジャーなど」が最も押上げ効果が大きく、2377億円にのぼった。次いで高いのが「外食」の1649億円で、この2つが非常に大きい。

実際、若者へのヒアリング調査でも「インスタの投稿に同じ服を着ている写真を載せるのが嫌だ」、「SNSがあるから、『自己ブランディング』のために出かけてその姿を投稿することがある」、「旅行などの非日常では多少インスタを意識する」といった生の声が聞かれ、発信するために追加で消費を行っている実態が示された。

5　ここではインスタグラムに限らず、あらゆるソーシャルメディアを対象としている。

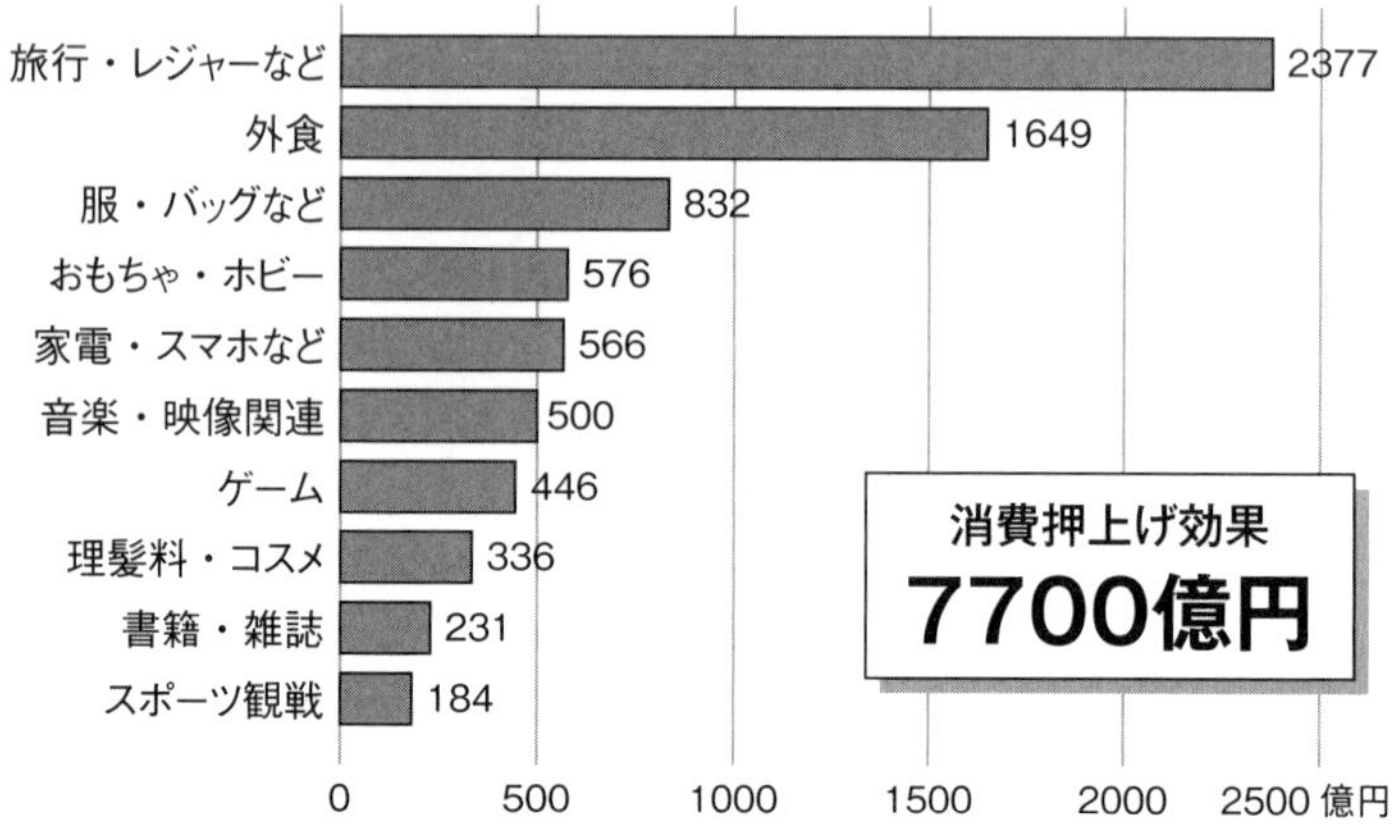

図2-2　「発信するための消費（インスタ映え）」の消費押上げ効果（出典：筆者らの研究より）

価格差別が高利益の鍵を握る

▽何を無料にし、何から、誰から収益を得るかが重要

このように、フリーとソーシャルは非常に相性が良く、実際に複合的にそれらを活用しているサービスは多い。しかし、実際のビジネスにおいては、これらを組み合わせただけで収益化が図れるわけではない。フェイスブックやグーグルの成功を見ているとつい忘れがちになってしまうが、実際には多くの失敗がある中で、ほんの一握りのサービスだけが収益化に成功しているのだ。

たとえばユーチューブは、２００５年に誕生したサービスである。誕生直後からみるみるうちに成長を遂げ、２０２０年4月現在では、何と世界で月間20億ユーザを抱えるまでに発展している。世界で最も人気のあるサービスの1つといっても過言ではないだろう。しかし実はこのユーチューブ、ニューヨーク・タイムズ誌が「初の黒字化予想」と報じたのが2010年である。2005年に誕生してから5年、2006年にグーグルに買収されてからも4年も、赤字のままサービスを運営し続けていたのだ。

調査会社のコムスコアが発表したところによると、2010年時点でユーチューブの動画は140億回以上再生され、市場占有率は43%に達していたようである。そのような状況にもかかわらず、それまで赤字を垂れ流していたというのだから驚きだ。

このことは、完全無料としてネットの広告収益だけでビジネスを成り立たせることは、ユーザ数が億を超える人気サービスであっても困難であることを示唆している。

そこで重要になってくるのが価格戦略である。サービスのどこに人々が価値を見出しているか適切に分析し、付加価値に対して適切に価格づけを行う。最初は無料版しかなかったようなサービスでも、今ではユーチューブプレミアムやニコニコ動画有料会員、LINE有料スタンプのように、何らかの課金要素を用意していることが多い。

▽価格差別とは何か

収益化に欠かせない価格戦略について、それを考える際に覚えておく必要のある概念がFSP-Dモデルの「P」に該当する「価格差別」である。価格差別とは、市場にいる複数タイプの消費者に対して、同じかあるいは類似した製品・サービスを2種類以上の価格で販売することと定義される。

同じ製品であっても、実際には人によってそれに支払ってもいいと感じる金額はそれぞれ異なるはずである。なぜならば、価値観は多様だからだ。あるボールペンに対して、「100円なら買ってもいい」という人もいれば、「1000円出しても欲しい」という人もいるかもしれない。そのような場合に、前者には100円で売り、後者には1000円で売ることができれば利益は最大化できるはずだ、というのが価格差別による戦略の根本である。

この別の人に別の値段で同じもの（あるいは類似したもの）を売るという戦略がとれるのは、企業が市場支配的であるか、あるいは、他社と差別化されている場合に限られる。なぜならば、差別化がほとんどされていない財（コモディティ化した製品・サービス）では、消費者がより低価格の方に流れるため、2種類以上の価格をつけても意味がないためである。

価格差別の典型的な例には、映画館の価格設定がある。あなたが映画館で映画を見ようとすると、内容が同じものに対して複数の価格がつけられているのに気づくだろう。あなたはそれをすでに自然に受け入れていると思うが、これこそが企業の価格差別戦略にほかならない。

たとえば「学割」は、収入の低い学生には低い価格を提示し、そうでない一般消費者には高い価格を提示する戦略といえる。そのほかにも、レイトショーやレディースデーの上映などに安い価格が提示されている。その一方、3D版やプレミアムシートには通常価格よりもさらに高い価格が設定されている。

この価格差別をうまく活用すると、収益を大きく増やせることが、ちょっとした計算からわかる。

たとえば今、あるジュースを販売しており、その潜在的顧客（興味のある人）が500人いるとする。今、このジュースを100円で売ったら200人が購入し、合計2万円を売り上げた。これはつまり、このジュースに対して100円以上の価値を見出している人が、潜在顧客500人のうち200人いたことを示している。逆に考えると、残りの300人は「100円は高すぎる」と考えて、購入を見送ったことになる。

この「いくらの価値を見出しているか」、つまりその商品に最大いくらまでなら払って良いと考えているかを、経済学用語で「支払い意思額」という。「顧客評価額」といってもいい。このジュースの例の場合、買わなかった人は、潜在的顧客ではあるが支払い意思額が100円未満だったということだ。このように価格が高すぎるために購入意思を失わせることを「プライスアウト」という。

購入意思額は人によって大きく異なるかもしれない。このジュースについて潜在顧客500人の支払い意思額をさらに調べたところ、価格を200円に設定しても買う人が100人いて、70円に設定したら300人が買うとしよう。その場合、支払い意思額が200円以上の人が100人、100円以上200円未満の人が100人、70円以上100円未満の人が100人となる（残りの200人の支払い意思額は70円未満）。

このとき、何らかの方法で、支払い意思額200円以上の人には200円で販売することが可能で、100〜200円の人には100円で販売でき、70円〜100円の人には70円で販売できたと

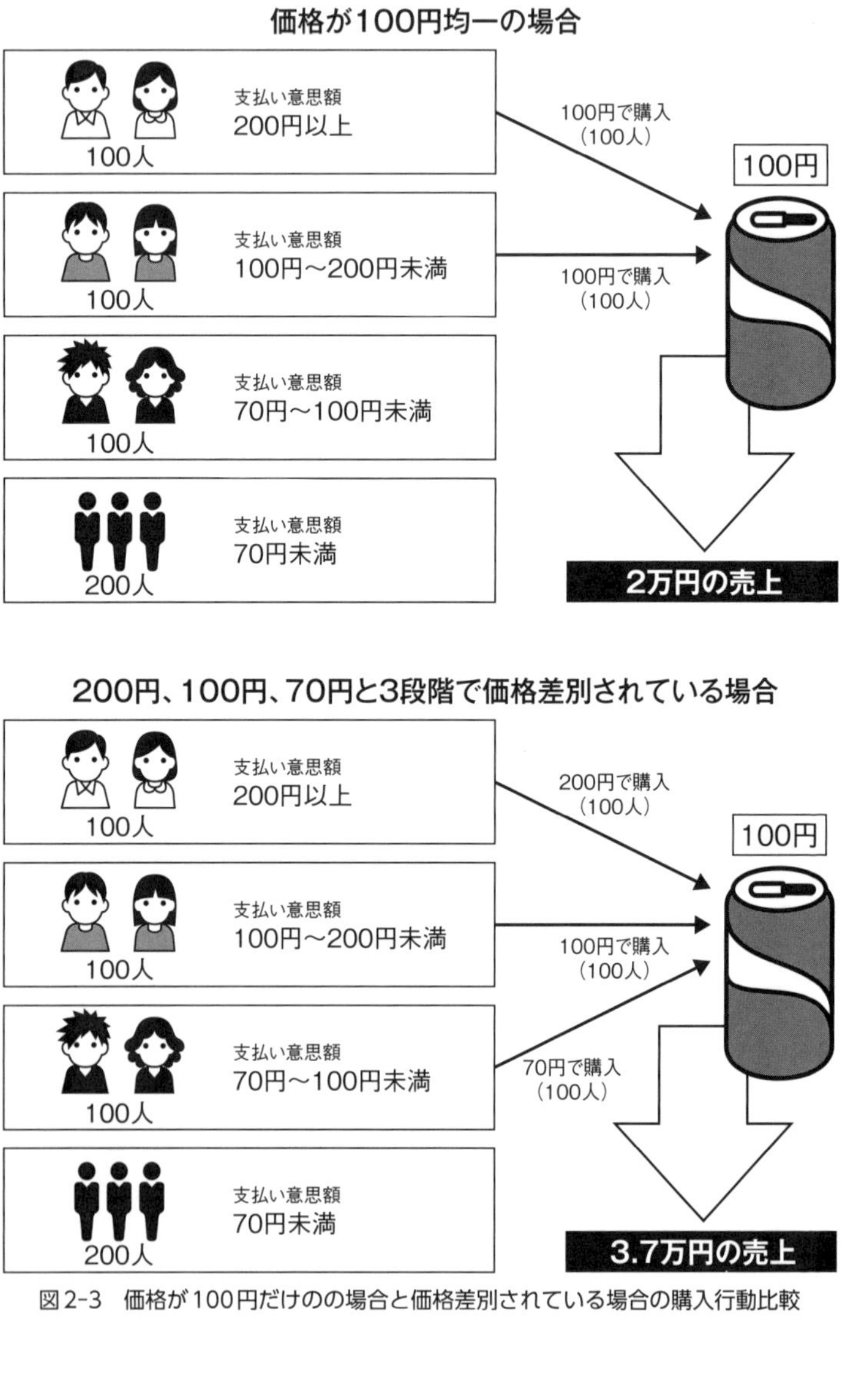

図2-3　価格が100円だけのの場合と価格差別されている場合の購入行動比較

する。すると、合計の販売金額は3万7000円となり、一律に100円で売った場合の販売金額2万円を大きく超えることとなる。価格差別を導入したことにより、何と2倍近い収益を得た計算である（図2－3）。

∇進化した「多段階価格差別」のビジネスモデル

この価格差別は、フリー戦略をとっている製品・サービスのほとんどで活用されている。なぜならば、フリーということはすでに「無料」で提供されており、有料プランがある時点で価格差別戦略といえるためである。多くの場合、この無料と有料の差別は「時間経過による有料化（time-limited）」と「高品質は有料（feature-limited）」の2種類で行われている。前者は利用日数や回数に制限を加えたものをフリーで提供し、後者は付加価値のある高品質のものを有料で提供する。

ただし、本書のFSP－Dモデルでいう価格差別とは、このような無料と有料の2段階の価格設定のことではない。有料の価格設定において、さらに複数の価格づけがなされていることを指す。たとえばドロップボックスはフリーで2ギガバイトのストレージが使えるが（ベーシック・プラン）、月額1200円のプラス・プランではそれが2テラバイトとなり、月額2000円のプロフェッショナル・プランでは3テラバイトとなったうえで、良いプランにするたびにさまざまなサポートが付随する設計となっている（2020年4月現在）。そのため、一般的な消費者は無料で利用するが、少し熱心な消費者は1200円を払い、より熱心なヘビーユーザは2000円を払う価格差別設計となっている。

さらに細かく価格差別しているような事例も存在する。その代表的なものが、スマートフォンなどでプレイするモバイルゲームである。多くのモバイルゲームはフリーのビジネスモデルで提供されており、ユーザは基本無料でプレイすることが可能である。しかしながら、欲しいキャラクターを手に入れるために引く「ガチャ」(決まった金額を支払うとランダムで1つのキャラクターが得られるシステム)や、ゲーム内の一部のアイテムは有料で購入するという、デジタル財課金モデルとなっている。

このデジタル財課金モデルこそが究極の価格差別である。ユーザは毎月に決まった金額を支払うのではなく、その時々のゲームへの熱中度に応じて支払い金額を大きく変化させる。1か月にまったくお金を支払わない人もいれば、10万円以上つぎ込む人もいる。先月10万円以上つぎ込んだ人が、今月は1万円に留めることもある。つねに決まった価格で販売されるもののことを「一物一価」などといったりするが、この場合は1物10価以上に多様な値づけが行われる。まさに多段階の価格差別といえよう。

そして、「モバイルゲームは儲かる」というような話を、あなたも聞いたことがあるかもしれない。モバイルゲーム産業は、まさにこの戦略によって大きな収益と莫大な利益率を確保するにいたったのである。

データはビジネスに不可欠な第二の石油

▽企業の成長の裏にはデータ利活用がある

「データは第二の石油である」「データがビジネスの競争力を決定づける」――このような言葉を、あなたも一度は聞いたことがあるだろう。先に説明したように、情報社会とは、物や人に付随する大量の情報に価値を置き、情報の利用、創造、流通などが重要な意味を持つ社会をいう。つまり、データ（情報）が石油と同じような価値を持ち、ビジネスを決定づけるのが、現代の情報社会なのである。

近年におけるネットワークの高度化や、ＩｏＴの浸透、ソーシャルメディアの普及などによって、あらゆる状況で企業はデータを収集することが可能になった。さらに、技術革新が進んだことで膨大な量のデータを分析できるようになり、まさにビジネスにおいてデータを利活用することが欠かせなくなってきている。

検索サイトやＳＮＳ、ショッピングサイトが収集・分析しているデータは、氏名・生年月日・住所などのユーザが入力した個人情報だけでなく、ウェブサイトのアクセス履歴、ネットショッピングでの購買履歴、位置情報、ソーシャルデータ（誰とどう交流しているか）など幅広い。

たとえばフェイスブックは全世界に大量の無料ユーザを抱え、多くの人に友人との時間的・地理的制約なしの交流を無料で提供し、それでいて大きな収益を上げている。これは、コミュニケーションのデータを分析し、個々のユーザに合った広告を配信する戦略などが成し得ているものだ。また、グーグルは多くのサービスを無料で提供しているが、代わりにさまざまなデータを収集している。我々は、グーグル・アカウントを作成する際に、名前やパスワード、ユーザにより登録された電話番号や支払い情報を自動的に収集されている。また、グーグルのサービスを利用した際の行動データや、公開情報から情報の収集も行っている。

このように収集したデータは、根幹となるサービスの提供、サービスの維持・向上、新サービスの開発、コンテンツや広告などのカスタマイズしたサービスの表示などに活用されているとプライバシーポリシーに明記されている。

たとえば、人々の情報アクセス行動を分析することで、有用と思われる情報をネット上の膨大な情報の中からえり抜いて、検索結果の上位に表示している。さらに、ユーザ1人ひとりのデータを収集・活用することで、それぞれの個人に合わせた表示順位の調整まで行っている。そのように便利なサービスを提供したうえで、データ分析を基に最適化された広告を表示して高い収益を得ているのである。

ほかにも、楽天、ヤフー、LINEなど、あらゆるIT企業がサービスを通じて収集したデータを分析している。それらのデータは、新規事業・サービスの創出、サービスの改善、個々人に合ったより質の高いサービスの提供、コスト削減など、さまざまな企業活動に利用されている。

個々のユーザに紐づいた情報だけでなく、センサーをつけて工業機械から収集したデータなど、産業データも幅広く利活用されている。

たとえば建設機械メーカーのコマツは、日本企業の中で早くからデータ利活用に手をつけていた企業である。コマツはGPSやセンサーをつけた建設機械や重機を販売することで、稼働状況を把握して適切なタイミングで効率よくメンテナンス・消耗部品の交換を行ったり、位置を把握して盗難を防止したりといったことを行ってきた。2018年度には売上高の2割以上をサービス事業で稼ぐにいたっている。

さらに、2019年には旧型のもともとセンサー機能がなかった建設機械にもセンサー機能などをつけられるキットを発表した。これによりカニバリズムを起こして、新型の建設機械の販売が鈍ってしまう可能性があるものの、より多くの現場で自社のセンサーが使われてより多くのデータを入手することを優先した戦略である。

実際、情報社会になり、データ流通量は驚くほど増加している。調査会社IDCの調べによると、2025年には全世界のデータ量は175ゼタバイト（ゼタ＝10の21乗）になり、2019年の41ゼタバイトの4倍以上、2010年の2ゼタバイトの80倍以上まで増加するとされている。

もちろんこのデータ流通量の増加には、高品質化した動画の配信による影響なども入っているため、単純にこれだけでデータ利活用が進んでいるとは判断できない。しかし、IHS Technology の発表では、世界のＩｏＴデバイス数は２０１５年から２０２０年（予測値）までのたった5年間で、２０５億台から３９４億台と、約2倍にまで増加している。

このことは、コンテンツの高品質化以外の要因でもデータ流通量が急増していることを示すと同時に、フェイスブックなどのオンラインサービス以外でも、ＩｏＴデバイスを活用するようなさまざまな領域（自動車・輸送機器などの製造業や医療、運輸業、小売業など）でデータ利活用が加速度的に進んでいることを示唆している。データ利活用は、あらゆる意味において情報社会のビジネスに必要不可欠なものになっているのだ。

∇ＦＳＰとデータ利活用は非常に相性がいい

このようにビジネスの面でも、人々の生活の面でも非常に重要になっており、「第二の石油」とまでいわれるデータであるが、データは１つ持っていても基本的には何の価値も生み出さない。データとは、分析して特徴や傾向をつかんで初めて価値を生み出すものなので、1万より10万、10万より１００万のビッグデータを保有していた方が、より大きな価値を生む。

この事実は、「フリー」「ソーシャル」「価格差別」と非常に相性が良いということを示唆している。まず、フリーであるということは、消費者がその製品・サービスを利用する際の障壁を減らすため、有料の場合よりも圧倒的に多くのユーザを獲得することにつながる。通常、無料でサービスを提供し続けていれば企業が得るものは何もなく、コストばかりがかかる、と考えられる。しかしながら、データが価値の源泉であると考えれば、そうとばかりもいえない。無料で提供すれば提供するほど、新たな価値を生み出すデータというものを消費者から得ることができるのである。

とくに情報財は、先に述べたように限界費用がゼロに近く、1人にサービスを提供するのも1万人に提供するのもほとんどコストが変わらないため、もともとフリーとの相性も良い。その中でも、ネット上でサービスとして提供される情報財は、配信や動作のあらゆる段階で「ログ」と呼ばれる動作記録の収集が容易であるという点で、紙の本やCD、DVDのような物理的記録媒体の販売とは比べものにならないくらい詳細なデータを、大量に取得することが可能である。

また、ソーシャルもデータ利活用との親和性が高い。ネットワーク効果は、前述したように需要側の規模の経済ともいわれ、ネットワーク効果が働く市場では巨大化や一人勝ち（Winner-Takes-All）現象が起きやすい（詳しくは第5章で触れる）。そのため、ネットワーク効果によって巨大化が起こった製品・サービスは、ビッグデータを収集して分析するのに適している。

また、ネットワーク効果を高め、それを維持し続けるには、より多くの新規会員を獲得しつつ、既存会員の活動度や満足度を維持する必要がある。そのために、刻々と変わる状況の中でどのような施策を打っていくべきかを考えるうえでも、既存ユーザや新規ユーザに関するデータ分析は欠かせない。ネットワーク効果とデータ利活用は相互に依存関係にあるといえる。

さらに、データ利活用は高収益化をもたらす多段階価格差別にも欠かせない。多段階価格差別では、熱心な有料ユーザも、ライトな有料ユーザも、無料ユーザも、皆が満足するような製品・サービスの設計が求められる。それを実現するためには、それぞれの属性のユーザのデータを精緻に分析し、反応を見ながら適切なサービスを提供することが重要になる。

つまり、「FSP」と「D」は、相互に高めあう関係にあるといえる。FSPはデータ利活用によってより大きな成果を得られるようになるし、データ利活用はFSPによって加速して行くのである。

▽既存産業のFSPによる再編にはデータが必須

以上のことから、データ利活用はFSPの根底にある戦略となっており、あらゆる意味において情報社会のビジネスモデルに必要不可欠なものになっている。実際、ヤフーやメルカリ、LINE、フェイスブック、ツイッターなど、我々が日常触れている巨大サービス群の中でデータ利活用をしていないサービスは1つも存在しない。

また、そのようなSNSやメッセージアプリなどの新しいツールだけでなく、既存ビジネスもFSPの文脈でとらえなおすことで、FSPとDが相互作用しながらビジネスが発展した例は多い。

たとえば音楽産業は、「CDを販売する」という既存のビジネスモデルから、「楽曲を配信する」というビジネスモデルが主流になりつつある。この配信サービス世界大手のスポティファイ(Spotify)は、まさにFSP－Dモデルを採用している事例である。

スポティファイは無料あるいは定額制で利用できるサービスで、ユーザはスポティファイ上にある楽曲をいつでも視聴したり、保存したりすることが可能になっている音楽配信サービスである。

2019年時点で全世界2・7億人以上のユーザを抱えており、音楽配信サービス世界最大手である。驚くべきはその有料会員の比率だ。フリーミアムなサービスでは有料ユーザは全体の10%程度であることが多い中、何と1億人以上の有料会員を抱えている。

ユーザは基本無料で利用することができるが、月額980円の有料プランに移行すると、広告が表示されない・音楽をダウンロードできるなどの特典を得ることができる。また、多様な消費者のニーズに合わせて、学割プランやファミリープランも用意されている。

そして、本サービスは典型的にネットワーク効果を活かしているサービスである。なぜならば、レコード会社やアーティストは、楽曲の再生回数に応じて報酬を受け取っているため、スポティファイのユーザが増えるほど期待利潤が高まる。そのようにして期待利潤が高まって多くのレコード会社やアーティストがスポティファイに参入すれば、ユーザは楽しめる楽曲が増え、ユーザ1人当たりの効用も増加する、という間接的ネットワーク効果が働いているのである。

スポティファイは、このように音楽をFSPの文脈でとらえなおしたビジネスであるが、データ利活用によって大きくなったサービスでもある。まず、ユーザに対しては、自分の再生履歴やプロフィールなどのデータを分析して、そのユーザが好みそうな音楽を推測してお薦めするレコメンドを実施している。レコメンドにより出会った楽曲が、自分に合えば合うほど、ユーザはサービスに魅力を感じ、ユーザ数が増えて行く。

そして、ユーザが増えると、今度は「どういう属性のどういう音楽を聴いている人が自分の楽曲を聴いているのか」という、アーティストやレコード会社にとって一番欲しいデータの山がそこに築かれて行くのである。これを基に彼らはマーケティング戦略を立てることができる。まさにＦＳＰだからこそデータ利活用が加速し、データ利活用をしているからこそＦＳＰでさらにサービスの拡大を図っている事例といえる。

データ利活用が進まない、と悩んでいる企業にとっても、自らが関係するビジネスをＦＳＰの文脈でとらえなおすことで、新たなビジネスの展開が見えるとともに、データ活用の重要性や具体的に何をすれば良いかも見えてくるのではないだろうか。ＦＳＰとデータ利活用の関連については、第７章で詳細に解説する。

第3章 儲かるビジネスほどフリーを活用する

「フリー」はこの10年で進化した

▽従来の4つのモデルと新しいモデル

情報社会の主流となるフリーのビジネスモデルについて、『フリー』著者のアンダーソン氏は、「フリーミアム」「三者間市場」「直接的内部相互補助」「非貨幣市場」の4つに分類できるとしている。それらのビジネスモデルは、『フリー』出版から10年の時を経て、さらにさまざまな分野で活用されるようになってきているだけでなく、ビジネスのやり方も多種多様に進化を遂げている。その進化を支えているのは、止まらない技術の進化と人々の価値観の変化であり、そして普遍的な人間の心理学的な側面である。

本章では、それらの最新の状況を見ると共に、4つの分類に当てはまらない新たに顕在化してきたビジネスモデルや、フリーをどのようにしてビジネスに取り組むかを検討する。

基本的なビジネスモデル「フリーミアム」

∇「定額課金」と「デジタル財課金」

まず、アプリなどで最もスタンダードなビジネスモデルとして広がっているのがフリーミアムである。前述したように、フリーミアムとはフリーとプレミアムを掛け合わせた単語であり、基本機能を無料で提供するが、付加機能に課金するビジネスモデルのことを指す（図3‐1）。

この説明では従来の試供品ビジネスに近いように思われるかもしれない。しかしながら、限界費用が限りなくゼロに近い情報財では、大量の無料ユーザを抱えたうえで、その中から少数のユーザが有料へ移行することを期待するといったビジネスが可能となる。アンダーソン氏は、有料ユーザが5%いればサービスとして成立すると述べている（5%ルール）。逆にいえば、95%のユーザが無料で利用していても良しとするということで、従来のビジネスモデルとは一線を画すといえる。

さらに、課金の仕方によってもいくつかに分類される。古くからあるのが「定額課金制」であり、ユーザは有料版を利用するために月や年で決められた金額を支払う。動画サイトのニコニコ動画、

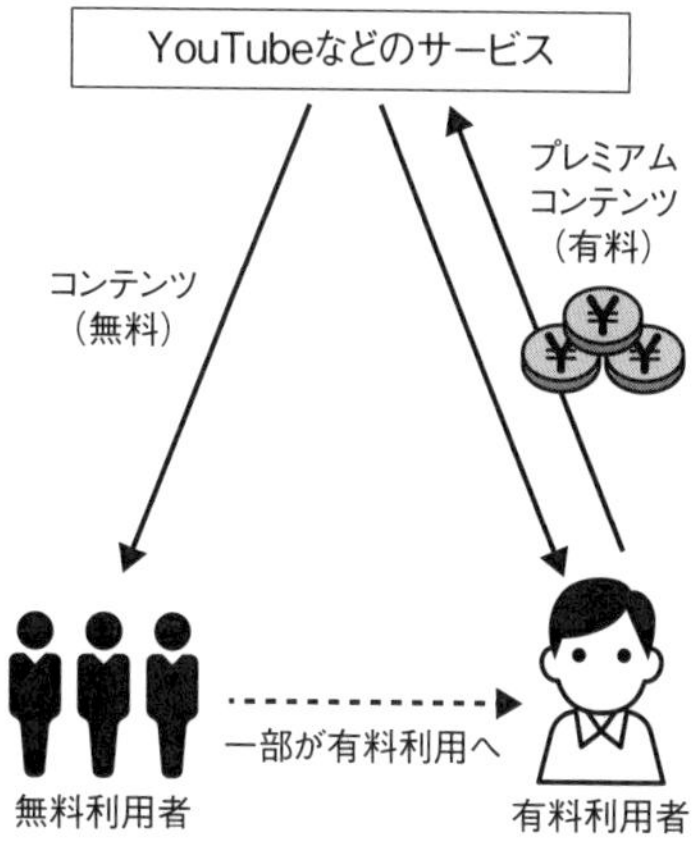

図3-1　フリーミアム

ラジオサービスのラジコ（radiko）、クチコミサイトの食べログなど、実にさまざまなサービスがこの定額課金制を採用している。

たとえばニコニコ動画では、誰でも無料で動画を視聴することができる。しかしながら、月額550円（税込）のプレミアム会員になると、広告非表示設定ができたり、高画質で動画を視聴できたり、人数制限のある生放送でも視聴が優先されたり、スマートフォンでのバックグラウンド再生ができたりなど、さまざまな付加機能を利用することができる。ニコニコ動画のビジネスにおいてはこのプレミアム会員費が主な収入源となっている。

その一方で、定額ではなく、「デジタル財課金」を行っているサービスもある。物理的な実体のないデジタルな財を、所有したり使用したりすることに対して、課金するシステムだ。典型的な例はモバイルゲームであり、デジタル財課金システムは2001年9月に韓国、中国にてリリースされたゲーム「ザ・レジェンド・オブ・ミール2（The Legend of Mir 2）」が、アバター用の服に課金したのが始まりといわれている。

今では、デジタル財課金はモバイルゲーム以外でも活用されているビジネスモデルとなっている。たとえばメッセージアプリＬＩＮＥでは、ユーザは無料でコミュニケーションをとることができるが、有料のスタンプを購入してコミュニケーションに使用することもできる。そのため、ライトユーザは無料で利用する一方で、ヘビーユーザは多くのスタンプを購入してより良いコミュニケーション体験を得ようとする。

メディアが利用してきた「三者間市場」

▽民放テレビは代表的な三者間市場

もう1つ代表的なフリーのビジネスモデルとしては、三者間市場が挙げられる。三者間市場とは、その名のとおり3者、つまり3種類のプレイヤーで構成されている市場のことである。通常、取引というのは生産者と消費者の2者間でやられることが多い。しかしながら、この三者間市場では、そのうち2者は無料で取引を行い、第三者がその費用を代わりに負担するビジネスモデルとなっている。

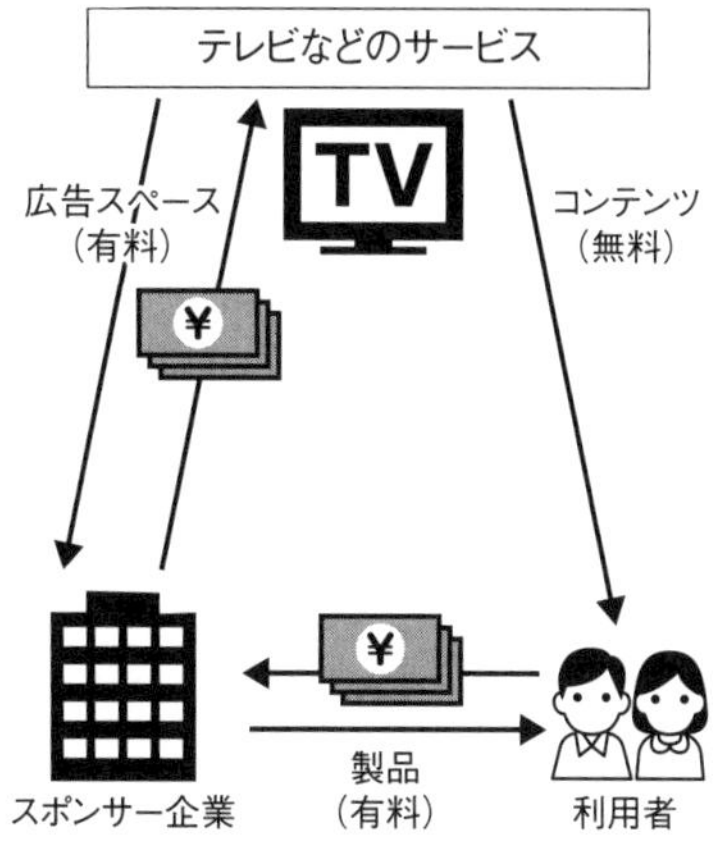

図3-2　三者間市場

これは実に多くの人が、日常的に目にしているビジネスモデルである。そう、最もそれをうまく活用したのがテレビである。あなたはきっと、（NHK以外の）キー局のテレビを視聴するときにお金を支払っていないだろう。しかし、テレビコンテンツを制作するのには本当は莫大なお金がかかっているはずである。それをまかなっているのが広告を配信する「第三者」の企業である。

つまり、テレビ局は消費者には無料でコンテンツを提供している一方で、第三者企業にはその広告スペースを有料で販売し、第三者企業がそれを購入することで収益を上げている。そしてその第三者企業の狙いは、最終的にはその広告を見た消費者が自社の製品・サービスを購入することにある。そのため、大量に無料で利用している人がいる一方で、一部の消費者は広告主に対して支払いを行っている構図となり、結果的にやはり消費者が費用を負担しているといえる（図3－2）。

テレビがこのような戦略をとっているのも、テレビがコンテンツ、つまり情報財であり、限界費用がゼロに限りなく近いからにほかならない。

▽三者間市場とデータ利活用を結びつけたグーグル

このようなビジネスモデルは、インターネットの普及に伴って飛躍的に増加した。我々はさまざまなウェブサイトでウェブ広告を目にする。そのようなすべてのウェブサイトとユーザ、広告主は、三者間市場を形成しているといえる。

たとえば、グーグルという誰もが知っている企業がある。グーグルは検索エンジンを中核としてサービスを展開するほか、メールサービス（Gメール）、マップサービス（グーグル・マップ）、ドキュメントソフトウェアサービス（グーグル・ドキュメント）など大量のサービスを提供している。これらの便利でもはや生活必需品ともなりつつあるサービスのほとんどを、グーグルは無料で提供している。

その目的は種々あるだろう。1つ間違いなくあるのが、第2章で少し触れたように、「タッチポイント（消費者との接点）を増やしてビッグデータを蓄積・分析すること」である。現代ではデータは第二の石油といっても過言ではないほど、ビジネスのうえで、そして社会課題解決のうえで非常に重要な位置を占めている。そのため、データを取り扱う企業は急増、そして急成長を遂げている。

それと同時に、世界各国でこのようなビッグデータを抱えた巨大テック企業を羨む声と批判する声が集まるようになっている。日本でも、「日本でグーグルは作れないのか」といった議論や、果てには「グーグルは世界征服を狙っている」といわれるようなこともある。

では、グーグルはそのビッグデータを、どのように収益に結びつけているのだろうか。実は現状、とどのつまりは、ほとんどのデータがより効率的な広告ビジネスを展開するために使われているといっても過言ではない。

テレビ広告がマスを対象とした広告であるのに対し、ネット広告は個人を対象とした効率の良い広告が可能である。各個人のオンライン上の利用履歴から嗜好を割り出し、より購入率の高い人に適切な広告を表示すれば、より大きなマーケティング効果をもたらす。ネット広告はクリックした人の数に応じて広告料が支払われる場合が多いので、グーグルにとっても購入率の高い個人を割り出す分析の精度向上は、直接的に収入増加へつながる。つまり、複雑化しているグーグルのビジネスも、整理するとまさにこの三者間市場を極め、効率や収益性を高めた姿であるといえる。

∇三者間市場がフリーミアムと組み合わせられる理由

また、実際には、三者間市場とフリーミアムを組み合わせているケースが非常に多い。音楽サービスのスポティファイや動画サービスのニコニコ動画はそうであるし、ネット新聞の日本経済新聞、ニューヨーク・タイムズなどは、この2つだけでなく、ありとあらゆるものを組み合わせたビジネスモデルを構築している。

三者間市場とフリーミアムを組み合わせる理由は2つほどある。まず、テキストや静止画で構成されるウェブサイトにおけるネット広告は、テレビの広告と異なり、コンテンツを中断したりせずに表示することが可能である。

消費者は通常ほとんど広告を意識せずにウェブサービスを利用することができる。しかし、ひとたび自分が興味のあるものが表示されれば、それは目をひくためクリックにいたる。そのため、サービスの利便性をほとんど損なわずに広告を掲載することも可能なので、実に多くのサービスで広告が表示される。

また、フリーと有料の差別化戦略に使えるという点もある。敢えて広告をサービスの利便性を少し下げるように配信することで（動画視聴中に挟まれるなど）、それをなくすという付加価値を有料版につけるわけである。サービス提供側からすると、無料ユーザが広告を見てクリックしてくれても収入になるし、有料ユーザに移行して支払ってもらっても収入になる。

三者間市場は広告だけではない

▽加盟店から手数料収入を得るクレジットカード会社

以上のように三者間市場といえば、広告ビジネスが代表的な事例であるが、実際にはほかにもさまざまなものが存在する。たとえば我々、消費者は、クレジットカードという大変便利なものを年会費無料で利用することができるばかりか、利用金額に応じて金券と同様に使えるポイントをもらうことさえできる。カード自体やカードを読み取る機器、決済システムのサポート人件費など、少なくないコストがかかっていそうであるが、なぜフリーで提供できるのだろうか。

クレジットカードは複数の収益源を持っている。消費者から見てわかりやすいのは、たとえば、会員から得られるリボ払いやキャッシングの手数料、会員にダイレクトメールを送ることで企業から得られる広告料などである。しかし実はそれ以外にも、クレジットカード会社は加盟店（そのカードが利用できる店など）からの手数料もとっており、これが広告ではない三者間市場となっている。

つまり、クレジットカード会社は、消費者には無料でカードを提供する。一方で加盟企業は、クレジットカードという便利な現金以外の決済手段を使えることで、消費者の利便性向上、消費額の増加などが見込めるので、クレジットカード会社に手数料を払ってでも導入するのである。

▽サービスから得られるデータを収益源とするモデル

このほかにも広告でない第三者市場はある。最近では、提供するサービスから得られるデータを分析した結果や、データそのものを、サービスの提供相手とは別の企業と取引するような三者間市場も増えてきている。

たとえば、米国の電子カルテ企業プラクティス・フュージョン（Practice Fusion）は、「無料クラウド型電子カルテ」を武器に急速に利用者を増やし、4000万を超える患者の電子カルテデータを保有するにいたった企業である。多くの電子カルテシステムの導入費用が今でも10万円〜数百万円、運用費用も数万円〜数十万円であり、プラクティス・フュージョンが本格的に市場参入した時期はさらに高かったことを考えると、無料というのはまさに破格であった。

ただし、いくらクラウド型にしてコストを抑えているとはいえ、収益源もなくフリーで提供できるわけはない。その収益源は、製薬会社などからの広告費や、プレミアム版の提供による課金収入があるが、それだけに留まらない。収集した大量の医療ビッグデータを活用し、それを匿名加工したデータベースを製薬会社や医療機関に有料で提供したり、医療分析ソリューションなどを提供したりして収益を得ているのである。つまり、プラクティス・フュージョン―病院間ではフリーで取引が行われているが、そこで得られたデータを第三者と有料で取引している三者間市場となっている。

このビジネスモデルによる、電子カルテのフリー化と急速な普及は、社会にとってもプラスに働いている。データ利用者からすれば、かつてはお金を払ってもなかなか集めることができなかった非常に貴重な医療データを利活用できるようになった。患者や医療機関にとっては、効率的な医療を受けられる、提供できるというメリットがある。

このように、一見してフリーにするのが難しいような高度なシステムでも、敢えてそこをフリーにして市場で大きなシェアをとり、そのうえで広告やデータで儲けるというビジネス戦略が、情報社会では急速に増えてきている。フリーは確かにＦＳＰ－Ｄモデルの中でほかの要素と連携することで相乗効果を生み出すものであるが、単体でも、導入することで既存ビジネスを破壊し、新たな収益を生む可能性を持っている。人はフリーという言葉に弱く、ひとたびフリーで市場を占めてしまえば、他社もなかなか勝てなくなるのである。

無料で誘い別のものを売る「直接的内部相互補助」

▽典型例としての「０円ケータイ」「駐車料金無料」

直接的内部相互補助も古くから使われているビジネスモデルである。これは、フリーで消費者の気をひいたうえで、有料のほかの何かを購入させるというビジネスモデルである。

たとえば、日本では一時期、携帯電話を０円で売るというビジネスモデルが大流行した。スマートフォンに移行したのちも、総務省の指導が入る最近まで、「実質０円」を謳った宣伝文句は非常に多く使われていたため、あなたも一度はお世話になったことがあるかもしれない。

これはもちろん、携帯電話が０円で販売できるほど製造コストが安価というわけではない。消費者がまず目が行ってしまう機種代金を０円にして気をひいておいて、通信料やそのほかのサービス料で収益を上げることを目的としたビジネスモデルである。まさに直接的内部相互補助の典型例と

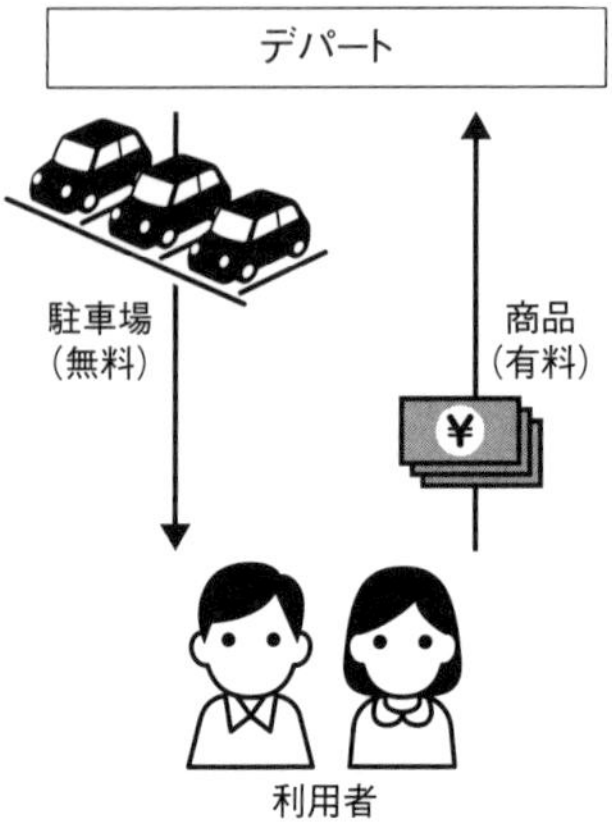

図3-3　直接的内部相互補助

いえよう。

また、デパートの無料駐車場もこれに該当する。消費者が車でデパートへ行く際に最初に直面する価格は駐車場料金である。そのため、そこを無料にすることで呼び水にし、店内の商品の売上で場所代をカバーするのである（図3－3）。

古い例でいえば、前述したフリーランチもこれに該当する。ランチはあくまで呼び水であり、真の狙いはその人たちがお酒や煙草を多く購入することである。この世にフリーの物はないといわれる所以であるが、消費者は目的の1つであるランチが「フリー」であるという魅力にひかれ、結局通ってしまうのだ。

∇フリーではなく格安提供の場合――プリンタ

この直接的内部相互補助の呼び水的な戦略は、実はフリー以外のビジネスモデルでも古くから使われている戦略だ。多くの製品やサービスの値づけが、この消費者の心理を考慮して決められている。

たとえば、消費者が印刷機（プリンタ）を購入しようと思ったときに、多くの場合、印刷機の価格と性能で購入を決定する。だから、印刷機本体の価格は安く設定する。その一方で、インク代には大きく利益を上乗せして、そこで収益を上げるのである。印刷機メーカーが非純正インクの使用に非常に否定的な理由はここにある。この戦略が携帯電話のビジネスに似ていることに気づくだろう。

企業は自分が販売する財のラインナップを考え、その中で消費者が最もひかれそうなものに無料、あるいはそれに近い低い価格を設定する。そしてそれを呼び水に、利益を出せるほかの財を多く販売するのである。

無報酬なのに急速に拡大「非貨幣市場」

▽無報酬でいいから役に立ちたいという人を取り込む

4つめのフリーなモデルとしては、非貨幣市場が挙げられる。つまるところ、贈与経済といっても良い。

たとえば無料の百科事典サービス、ウィキペディア（Wikipedia）では、日本語だけで約120万項目が掲載されており、2019年現在も毎年5万項目近くが追加されている。我々はウィキペ

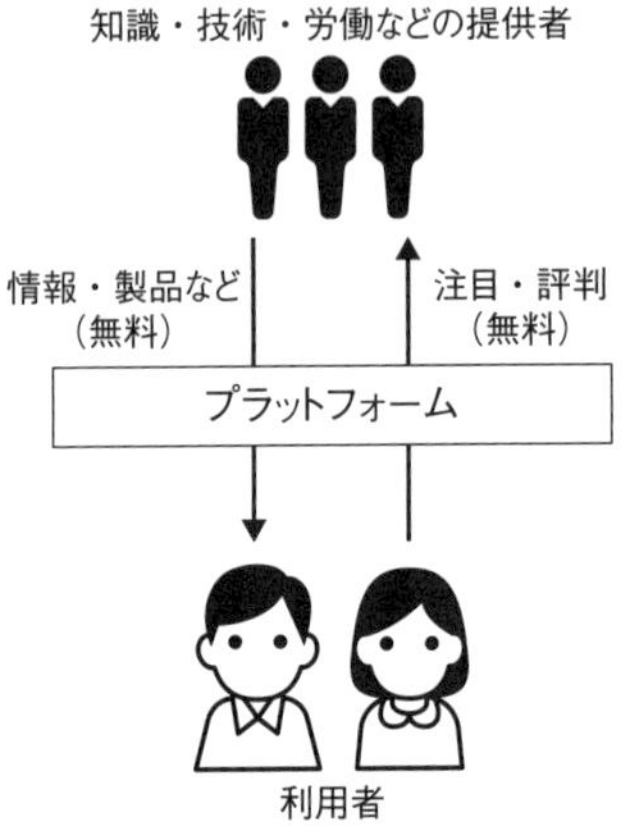

図3-4　非貨幣市場（プラットフォームを介さないものも多い）

ディアを無料で利用することが可能であり、ちょっとした調べものに使っている人も多いだろう。しかし、ウィキペディアに記事を書いている人は、完全に無報酬である。

ウィキペディアの仕組みはこうだ。ウィキペディア上では基本方針に賛同した世界中の誰でも記事・項目の編集をすることが可能で、そこに一切報酬は発生しない。また、誰もが著作物を利用・再配布・改変することができる。そして、記事の中立性を担保するために広告表示もしておらず、個人や企業からの寄付だけで運営がなされている（図3－4）。

このような人々の利他的行動や、それによって形成される非貨幣市場は、第1章でみたように価値観が変化して行く中で、急速に拡大している傾向にある。ウィキペディアを編集する人は、お金や物質的報酬がもらえるから編集をするのではない。自分がそれを執筆することで、誰かの役に立ったり、感謝されたりすることが嬉しくてやるのである。あるいは、自己顕示欲や誇りを満たすために行っているという言い方もできるだろう。

ウィキペディアのほかにも、どこかの誰かのためにクチコミサイトでクチコミを書く、誰かが美味しい料理を作れるようにクックパッドでレシピを書く、誰かに笑ってもらうために面白い動画を作成してアップロードする、皆が楽しくコミュニケーションできるように巨大ＬＩＮＥグループを形成するなど、実にさまざまな非貨幣市場が存在する。

この「非貨幣市場」という単語を聞くと、あたかもビジネスにまったく関係なさそうな印象を受けるかもしれない。しかし、このような利他的動機はときに大きな力になるし、多分にソーシャル性を孕んでいるので、ＦＳＰ‐Ｄモデルの観点からも、ビジネスに大きな影響を与える。実際、消費者によるクチコミ投稿も、動画投稿も、ＬＩＮＥグループも、今ではマーケティングに積極的に取り入れられている。

▽無報酬のリポーターが貢献──ウェザーニュース

これをマーケティングだけではなく、コンテンツに取り入れている企業もある。気象情報サービス・企業のウェザーニュースでは、有料のウェザーニュース会員の中から希望者は「ウェザーリポーター」になることができる。その人たちは、現地の天気実況情報をウェザーニュースへ報告する権利を有する。

このリポーターは全国に多数存在しており、ウェザーニュースは彼らから実に1日13万件の実況データを受け取っている。ウェザーニュースは、気象庁が公開する気象データや自前の観測機からのデータにプラスして、ウェザーリポーターからのデータを分析することで、精度の高い天気予報を提供しているのである。

このようにサービスに大きく貢献しているウェザーリポーターであるが、彼らはリポートを何と無報酬で実施している。彼らはまさに利他的動機からウェザーニュースやほかのユーザに情報を提供しているのだ。それをウェザーニュースが分析することで全体のサービス向上がなされて、最終的にユーザも得をするという、エコシステムを構築している。

∇非貨幣市場がうまく行く理由①——集合知

非貨幣市場は、さまざまな能力や意図を持った多くの人が関われることから、できあがるものの品質や信頼性が完全に担保されているとはいいがたい。たとえば、ウィキペディアにおける「ビコリム戦争（Bicholim Conflict）」という記事は、その信頼性が疑われる代表例かもしれない。

この記事では、ビコリム戦争という戦争について、1640年から1641年にかけて、インドを植民地とするポルトガル王国軍とインドのマラーター王国軍が衝突した戦争として書かれていた。最終的にこの戦争は平和条約の締結で幕を閉じたとされている。

しかしながら、この記事はまったく虚偽であり、このような戦争は歴史上存在しないというのだから驚きである。この虚構記事は2007年に公開されてから2012年に虚偽が発覚するまで、実に5年間も掲載されていた。

このように1つの記事が丸々すべて虚構という例はさすがに珍しいが、記事の一部、あるいは文レベルで情報が間違っているものや、出典がなく編集者の妄想で書いている箇所は多く存在する。

では、ウィキペディアが価値なく、利用者が少ないのかというと、現実には世界で最も使われる百科事典となっている。その理由としては、多くの人が編集に携わることによって記事が非常に豊富であることと、「集合知」によってある程度記事の質が高くなって十分な利便性があることが挙げられるだろう。

この集合知というのは、多くの人が協力したり競争したりした結果得られる知見が、個々の知の水準を超えた高度なものになることを指す。実際に、条件が整った場合には、集合知が専門家の知見にも勝ることが、さまざまな実験や観察で示されている。

古典的な例としては、英国の遺伝学者であり統計学にも精通していたゴルトン氏によるものがある。ゴルトンは、ある村で行われた雄牛の重さを当てるというコンテストを訪れた。参加者は800人程度であったが、その予想された重さのデータを集めて平均値を算出したところ、その重さは1208ポンド（約548kg）であり、実際の牛の重さである1198ポンド（543kg）と1%ほどの誤差しかなかったのである。これは専門家の予測精度を上回る予測であった。

また、ウィキペディアについても興味深い研究結果がある。ケロッグ経営大学院のグリーンスタイン氏らは、ウィキペディアの記事とブリタニカ百科事典について、米国政治に関する同じテーマを扱った記事を比較して政治色の強い単語の数を分析することで、どれほどのバイアス（偏り）があるか研究した。その結果、1記事当たりの政治色の強い単語数はウィキペディアの方がはるかに（リベラル寄りものが）多かったものの、それは記事がそもそもブリタニカ百科事典よりかなり長いために引き起こされたものであり、1語当たりに換算するとむしろウィキペディアの方がややバイアスが小さいという結果となった。

しかしこの研究でより興味深いのが次の結果である。分析サンプルとなったウィキペディアの記事は平均して1924回の改訂が行われていたが、「改訂の回数が多いほどより中立的な記事になる」という傾向が見られたのである。このことは、さまざまな人が編集に参加することで集合知が良い方向に働き、情報の質を高めるということを示唆している。

▽非貨幣市場がうまく行く理由②――内発的動機づけ

さらに、過去に行われたいくつかの心理学的・行動経済学的な実証実験は、ときに人は、フリー（無報酬や無課金）の方が動くということを示唆している。カリフォルニア大学のニーズィー教授は、イスラエルにおける10か所の保育園で20週にわたる実験を行った。保育園では、閉園時間までに親が子供を迎えに来ることになっていたが、遅刻する親がいると保育士の勤務時間が増えてしまう。そこで、「保育園でお迎えに来る親の遅刻をどのようにして減らせるか」を研究したのである。

実験では、最初の4週間では何も介入せずに遅刻者数をカウントし、その後は一部の保育園で遅刻者に罰金（数百円程度）を課す制度を導入した。通常の経済学の理論でいえば、罰金のようなネガティブな結果がある行為に対して課される場合、人はその行為を避けようとするので、遅刻者は減るはずである。

ところが、罰金を導入した後ではむしろ遅刻する親は増え、最終的に罰金導入以前の約2倍にまで増加したのである。さらに、ひとたび増えてしまった遅刻者数は、罰金制度を廃止しても元に戻らなかった。

なぜこんな不可思議なことが起こってしまったのか。もともと遅刻していなかった親たちは、保育士に迷惑をかけまいと時間どおりに迎えに行っていた。しかしながら、罰金という制度が導入されたことにより、「遅刻しても罰金を払えば良い」と思うようになってしまったのである。無論、お金を払えば何でもして良いとまで極端に考えた人はいないだろうが、それでも決められたルールに従って罰金を払うことにより、罪悪感は薄れる。道徳心から時間どおりに迎えに行っていたときとは状況が変わったのである。

経営学や行動経済学の分野では、人のモチベーションについて「外発的動機づけ」と「内発的動機づけ」という考え方が用いられる。外発的動機づけとは、その人の外側から生まれるもので、給料（報酬）や人事評価、罰則によって強制的にやらされることなどが含まれる。

その一方で内発的動機づけとは、その人の内側から起こった関心や意欲によって動機づけられることで、つまりその人がしたいと思っているからするという動機づけである。近年は仕事においてもこの内発的動機づけの重要性が認識されており、筆者らが2018年にイトーキと行った調査研究では、内発的動機づけから仕事をしている場合は創造性が高くなる傾向が明らかになっている。

先ほどの例では、最初人々は内発的動機づけから遅れずに迎えに行っていた。しかしながら、そこに外発的動機づけが加えられてしまったためむしろ悪い結果をもたらしたといえる。その一方で、ウェザーニュースのケースでは、この内発的動機づけを利用者にうまく与えられたことで、コストをかけずにサービスの品質向上をなすことができた。

無料で消費を喚起する「フリー型広告モデル」

▽宣伝のためにコンテンツの一部を無料で提供する

フリーのビジネスモデルのうち基本的なものは、ここまでに紹介した「フリーミアム」「三者間市場」「直接的内部相互補助」「非貨幣市場」の4つである。しかし、最近はこれに留まらないものも登場してきた。製品・サービスの一部あるいは全部を無料で提供して潜在的顧客（認知者）を増やしたうえで、それに付加価値を足したものを有料で販売するという「フリー型広告モデル」というビジネスモデルもある。

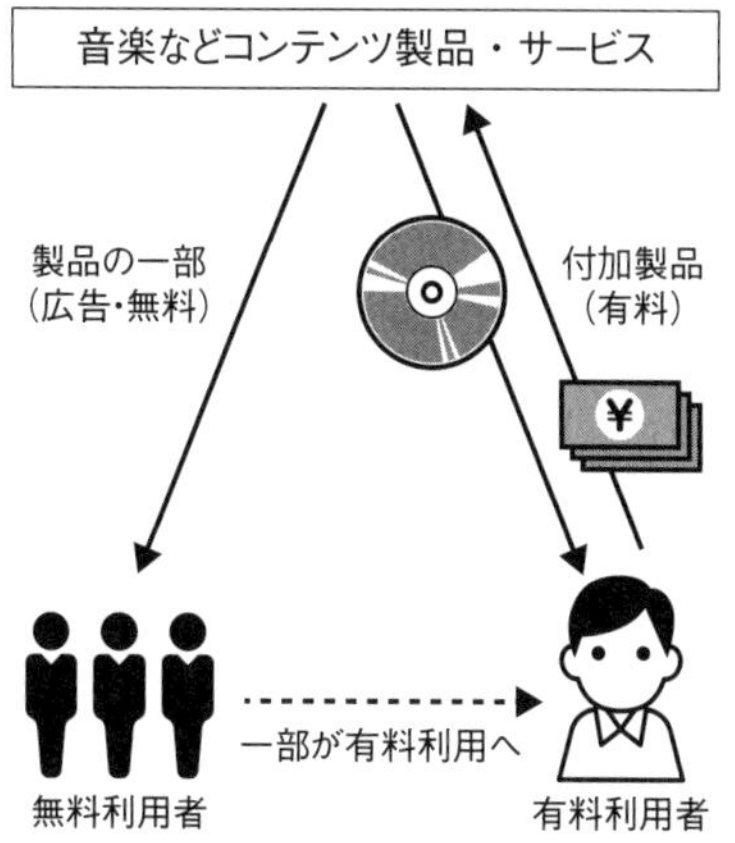

図3-5　フリー型広告モデル

近年、我々は多くのコンテンツを、（違法のものを除いても）無料で楽しむことができるようになっているが、それはこのフリー型広告モデルによるものだ。ユーチューブでフルバージョンのミュージックビデオ（MV）が公開されている例は珍しくない。映像作品も期間限定で無料公開されていることは少なくないし、ものによってはずっと無料で視聴できるものもある。書籍、とりわけ漫画については、アプリで無料で読めるものが実に多い。

これらは別に慈善の精神から無料提供されているわけではない。著作者はあくまで宣伝効果を狙ってフリーでの提供をしているのである。ネット、とりわけ高速回線の普及前は、そのようにフリーで大量の人にコンテンツを提供するのは難しかったが、ネットの普及によってこのようなビジネス戦略をとることが可能になった。

これは直接的内部相互補助に似ているが、直接的内部相互補助ではフリーのものを呼び水に別の何かを有料で販売することを目的としているのに対し、フリー型広告モデルではコンテンツの一部、あるいは全部を広告（呼び水）として使ったうえで、それ自身の高付加価値版を有料で販売しているところが異なる。そういう意味では、むしろフリーミアムに近い（図3－5）。

∇フリー型広告モデルがうまく行く理由──補完効果

このようなフリー型広告モデルを実行に移すと、財の販売に対して経済学的に2つの効果が生まれると考えられる。「代替効果」と「補完効果」と呼ばれるものだ。MVなどによるフリー型広告とCDを例にこのことを考えてみよう。

まず、フリーによるMVの提供が存在していなかった場合には、単純に価格よりもその財から得られる効用（満足感）が高ければそれを購入していたはずである。あるCDが1000円で売られていたら、それに1000円以上の価値を見出せば購入していた。

ところが、フリー型広告モデルにおいては、収録されている楽曲の一部または全部をMVなどの形で公開することとなる。そのため消費者は、「CDから得られる効用から価格を引いた満足感」と、「無料でMVを利用したときに得られる満足感」を比較して、後者の方が高ければフリーだけで済ませてしまうだろう。こうなるとCDの売上はむしろ減ってしまう。これを代替効果という。

その一方で、フリーによるMVなどの提供が存在することにより、多くの人にその存在が知られるようになる。また存在を知った人がクチコミを通じて誰かに教えることも容易なうえ、教えてもらった人もすぐに無料で視聴できる。このことにより、潜在的消費者（認知者）の数は増加する。その増加した人の中の一部の人は、ＣＤを買ってでも楽しもうと思うため、ＣＤの売上は増加するといえる。これを補完効果という。

これら２つの効果は、理論的にはどちらが大きいかは判断できない。しかし、筆者が以前行ったいくつかの実証研究は、先述した、音楽産業において長時間のＭＶがＣＤ販売数を増加させていることを明らかにした研究や、映像産業において無料配信がパッケージ製品の販売数を増加させていることを発見した研究のように、補完効果が大きくなるケースが多いことを示している。

ほかには、ゲーム産業において分析したものもある。ゲームには「プレイ動画」あるいは「ゲーム実況」という、消費者がゲームをプレイしている様子を動画にして、動画サイトに投稿する文化がある。これは今でこそ多くやられているが、著作権法上は違法に当たり、過去には積極的に自社ゲームの実況動画を削除しているゲーム企業も多かった。

そのようなプレイ動画について、同じように２００７年６月から２０１２年12月までの約５年半の間にプレイステーション３で発売されたゲームを対象に、ゲームソフト販売数に対するプレイ動画の与える影響を分析した。その結果、ノベルゲームとレースゲームを除く５つのジャンル（ＲＰＧ、アクション、格闘、ガンシューティング、スポーツ）について、販売数を増加させる効果があった。しかも、効果がなかったノベルゲームとレースゲームについても、減少させる効果は見られなかった。[6]

このように、消費者による自発的な活動が結果的にフリー戦略となり、売上を増加させる例も存在する。

フリーはなぜこれほどまでに魅力的なのか

▽「値引き」が「無料化」に勝てないことを示す実験

これほどまでにフリーのビジネス戦略がとられるようになった理由は何なのか。情報社会になって限界費用ゼロ社会が訪れた、ということだけが理由ではない。そもそも消費者はフリーに弱く、フリーというものは人々の目にあまりにも魅力的に映るのである。端的にいえば、無料のものをわずかな金額で有料化する心理的インパクトは、もともと有料のものを大幅に値上げする心理的インパクトよりも、圧倒的に大きいのだ。

最新の経済学的研究は、その効果を定量的に示している。米国バージニア大学助教のレイデン氏は、アプリにおける価格が需要に与えるネガティブな効果について、ビッグデータを使って分析した。その結果、無料でアプリを利用している人が$0・99（約100円）支払うようになる心理的ハードルは、$0・99（約100円）から$15・99（約1600円）に移行するのと同等のハードルであることがわかった。その心理的ハードルの違いは、何と15倍である。無料から有料にするのと、有料のものを価格変更するのはまったく連続的でないといえる。

行動経済学や心理学を専門としているデューク大学教授のアリエリー氏らも、実験から人間のフリーにこだわる非合理的な心理を明らかにしている。アリエリー氏は、2種類のチョコレートを買う仮想的な状況を60人に与え、どちらを購入するか答えてもらう実験を行った。

その際、値づけのパターンを3段階に変えながら提示して、購買行動の変化を見た。まず、高級チョコを27円[7]、普通のチョコを2円で売るという状況。このとき、47%の人は普通のチョコを購入し、53%の人は高級チョコを購入すると答えた。ちょうど高級チョコと普通のチョコの需要が同じくらいになるような価格設定といえる。

次に、これを両方とも1円引きし、高級チョコを26円、普通のチョコを1円の組み合わせで販売するとする。前との価格差は同じだが、値引き率で見ると大きく違う。しかし、この場合でも、高級チョコも普通のチョコも、購入すると答えた人の割合は50%であった。ほとんど需要量は27円・2円の組み合わせのときと変わらない。

これらのことは、実験に用いた高級チョコと普通のチョコの価格差が25円であると、シェアが約

6 ノベルゲームはテキストがメインであるため、すべてプレイ動画で観てしまうと購入しようと思わず、補完効果が小さいと考えられる。一方、レースゲームはRPGなどと比較して、プレイヤーの操作がゲーム全体に占める割合が非常に大きい（ストーリーもなく、ステージもアクションゲームなどに比べて限られている）。そのため、プレイ動画を観てゲームソフトを購入するというパスにつながっていない可能性がある。
7 実際の論文では¢であるが、ここではわかりやすく円で統一する。

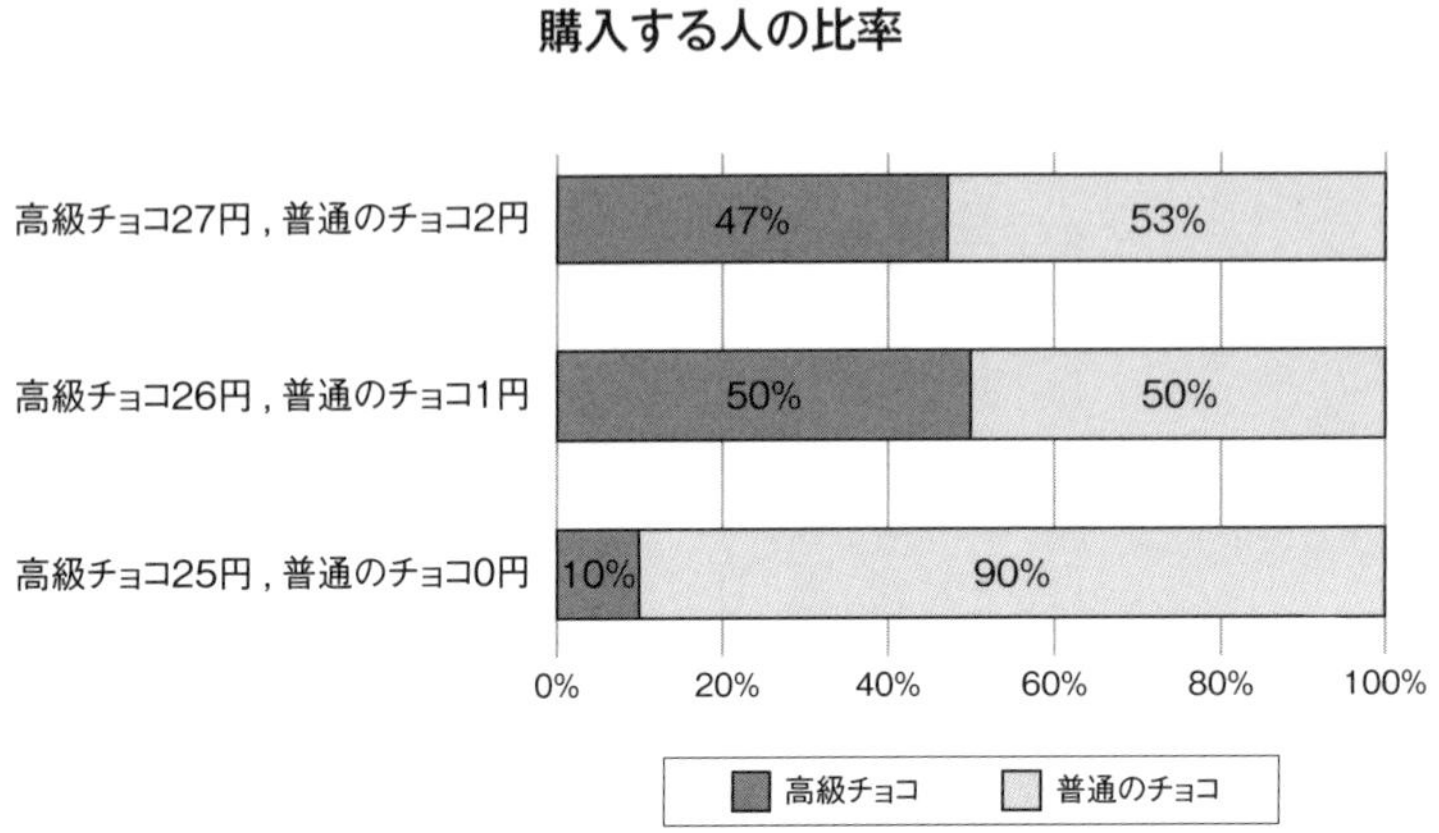

図3-6　高級チョコ・普通のチョコの価格の組み合わせと需要
(出典：アリエリー氏の論文より筆者作成)

半々になるということ、そして、1円ずつ値下げをする効果は両者とも変わらないということを示しているだろう。

ところがここからさらに値段を下げると、驚くべき結果になった。高級チョコを25円、普通のチョコを0円とした結果、何と、高級チョコを購入すると答えた人は10%、普通のチョコを購入する(もらう)と答えた人は90%となったのである(図3-6)。再び同じように1円ずつ下げたにもかかわらず、普通のチョコが0円になった途端、そちらを選ぶ人が急増したのだ。

この仮想実験からは、人はフリーに対してある種非合理的な魅力を感じてしまい、無料のものに飛びついてしまうという性《さが》が見えてくる。

しかしこの実験は、あくまで仮想的な状況を提示して回答してもらったにすぎない。そこで、同教授はさらに、MITの学生向けにリアルな実験を行うこととした。先ほどと同様に3つの価格の組み合わせを用意し、購入する人の比率がそれぞれどれくらいか検証したのである。ただし、今回の3つの価格の組み合わせは、(高級：15円、普通：1円)と(高級：14円、普通：0円)と(高級：10円、普通：0円)であり、フリーの組み合わせが2つある。なお、高級チョコのみ先ほどのチョコより安価なものに変更している。

この実験の結果は、先ほどの仮想的実験のエビデンスを支持するばかりか、フリーの魅力・人間のフリーに対する非合理的な行動をさらに示したのである。

最初のパターンでは高級チョコを購入した人が72%、普通のチョコが28%となり、高級チョコの方が人気となった。ところが普通のチョコが0円のパターンでは、高級チョコの購入者割合はそれぞれ31%(14円の場合)、23%(10円の場合)となり、高級チョコの方が不人気になる結果となったのだ。

さらにそれだけでなく、普通のチョコが0円のときに高級チョコの価格を4円下げても、需要はほとんど変わらなかったのである[8](図3-7)。

これらの研究結果が示すのは、人はフリーが大好きであること、そしてさらに、ひとたびフリーのものが市場に参入してきた場合、どんなに品質に差をつけていたとしても、多少価格を下げるだけでは顧客を呼び戻せないということだ。

究極的には、フリーに対抗できるものはフリーしかない。これがまさに、限界費用がゼロである

8　実験ではむしろ10円のときの方が14円のときより8%ポイント購入者が減っているが、統計的には有意でなかった。つまり、差は誤差の範囲を出ておらず、少なくともこの実験においては、差はほとんどなさそうといえる。

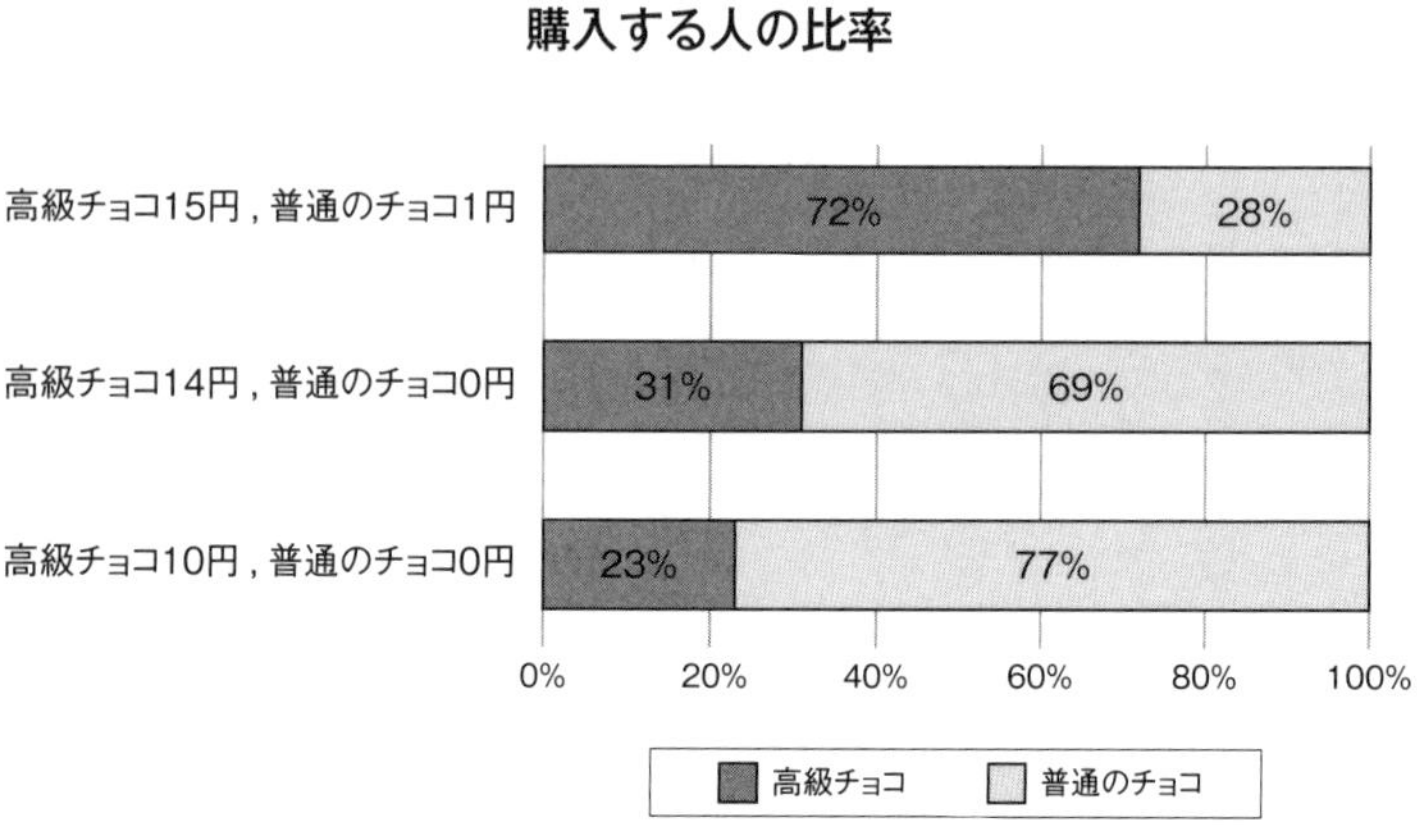

図3-7　MIT学生向けのリアルな実験でも同様の結果が得られた
（出典：アリエリー氏の論文より筆者作成）

情報財が主流となる情報社会において、フリーのビジネスモデルが主流にならざるを得ない理由である。

フリー数多の死

∇フリーを導入しても失敗するビジネスは多い

ここまで、情報社会のビジネスにおいてフリーがどのように重要かを見てきた。では、ただやみくもにフリー化すれば儲かるのであろうか。

もちろん、残念ながらそのようなことはない。忘れてはいけないのは、フリーをベースにしたビジネスモデルを採用したサービスには赤字を脱出できず、そのままサービスを停止するものも多いということだ。いわば、大量の死のうえに成功しているのが、今巨人となっているグーグルやフェイスブック、ユーチューブといったサービスなのである。

人知れず失敗している事例があまりに多すぎるためどれを取り上げるべきか迷うところであるが、たとえば小学館（開発：ＨＭＤＴ）のデジタル国語辞典の「大辞泉」のスマートフォン向けアプリは良い例かもしれない。これは２０２０年６月現在では２０００円で購入するアプリ（アンドロイド版）となっているが、２０１３年5月に発表された最初のバージョンでは基本利用が無料、付加機能が有料という、典型的なフリーミアムなビジネスモデルとなっていた。

具体的には、フリーでは同アプリの利用回数に上限が設けられていた。検索ごとに手持ちの利用可能回数が1減り、画像を表示すると3減るなどといったように、使うごとに利用可能回数が減って行くシステムであった。回数が足りなくなると機能が使えなくなり、減った回数は時間が経つと回復する。有料のアドオンを購入すると時間を待たずに利用回数の回復が可能で、さらに２０００円払うことによって上限撤廃が可能であった（現在のアプリ価格と同価格）。

しかしながら、このフリーを使ったビジネスは1年も経たず失敗が見えてくる。開発社によると、ダウンロード数こそ伸びたものの、有料ユーザは全体の０・5％に留まって採算をとるのがかなり難しかったようである。

前述したように、フリーで成功する目安としては、有料ユーザ数5％というものがある。その目安に対してたった1／10しか有料ユーザを確保できていないのだから、ビジネスとしての存続は厳しいといわざるを得ない。結局、２０１４年４月には、今のような買い切りだけのアプリとなった。

∇フリーが失敗する理由①——コモディティ化

なぜこのアプリはフリーをうまく活用することができなかったのだろうか。その理由は主に3つ考えられる。

まず、取り扱っている財がコモディティ化したものであったこと。辞書の主な用途は言葉の意味を調べることであるが、言葉の意味を調べるという機能や体験は非常に差別化しにくい。無論、より詳細に記載することはできるだろうし、「ここなら間違いはない」と情報源としての信頼を積み重ねることもできるだろうが、消費者のほとんどはその差に大きな価値を見出していないのが現実である。

第2章において、新聞が苦戦している理由として、ニュース記事の情報がコモディティ化しやすいことを挙げたが、辞書のコンテンツは新聞以上にコモディティ化しやすいのである。つまり、大辞泉アプリの有料プランは、大辞泉のフリープランとの差別化をしなければいけないというより、他社のフリーで提供されている辞書アプリや辞書検索サービスとの差別化をしなければならなくなった。

∇フリーが失敗する理由②——熱心なユーザの欠如

次に、残念ながら熱心なファンがほとんどつきそうにないということが挙げられる。フリー戦略というのは、基本的に「一部の熱心なユーザから収益を上げる」ということが収益化において重要な要素となる。音楽を多く・快適に聴きたい、大容量のファイルをクラウドストレージで使いたい、長期間のデータを取得して分析をしたい、ゲームで勝ちたい……そういった人が、有料ユーザになるのである。

しかしながら、残念なことに特定の辞書で大量に調べものをするような熱心な人はほとんどいない。それが辞典市場である。このように熱心なユーザが出現しない市場では、有料ユーザ率が0・5％（200人に1人の割合）となるのも仕方ないのだ。読者の中でも、ネットで検索すれば語句の意味が出てくる現代において、わざわざ辞書アプリの有料ユーザになりたいと思う人は少ないだろう。

∇フリーが失敗する理由③——何に課金するか

最後に、課金が、辞書を引くことにまつわる体験を売るためではなく、回数制限の突破のみのために行われたことがある。課金によって可能となるのは、基本的に利用回数の撤廃だけだったので、ユーザにとっては「すでにあるサービスに制限をつけられており、それを撤廃するのに支払う」という印象となってしまった。

このような有料への誘導はサービス設計がしやすいため、まず思いつくところである。しかしながら、実は、課金する際には、「制限の撤廃」だけでなく、「新たな価値・体験」が得られることを提示しないと失敗することが多い。

たとえばスウェーデン発の基本無料の音楽サービス、スポティファイでは、４０００万もの曲が聴き放題なのは無料ユーザも有料ユーザも変わらない。その代わり、有料になれば「スマホでオンデマンド再生可能」「オフライン再生可能」「広告非表示可能」などの、新たな価値が提供されるのである。どのように制限を撤廃するかではなく、どのように新たな価値・体験を提供するかを設計しなければいけないのだ。

フリーでは赤字継続を許容する企業姿勢が必要

∇成功が困難だった事例――ツイッターの赤字

フリーで成功していると思われているサービスでも、実は赤字が続いているケースが少なくない。代表事例としてツイッターが挙げられる。ツイッターは短文投稿サービスであり、ユーザは１４０字以内（日本では）で自由に投稿することができる。長文は投稿できないが、そのぶん消費者の投稿数は多く、拡散力も高い。また、写真や動画も投稿できるのでさまざまな使われ方をされている。

アクティブユーザ数は日本国内だけでも４５００万人以上、世界では3億人の巨大サービスとなっている（２０１９年現在）。ユーザは無料ですべての機能を使うことが可能であり、収益の大部分を広告収入で稼ぐビジネスモデルである。

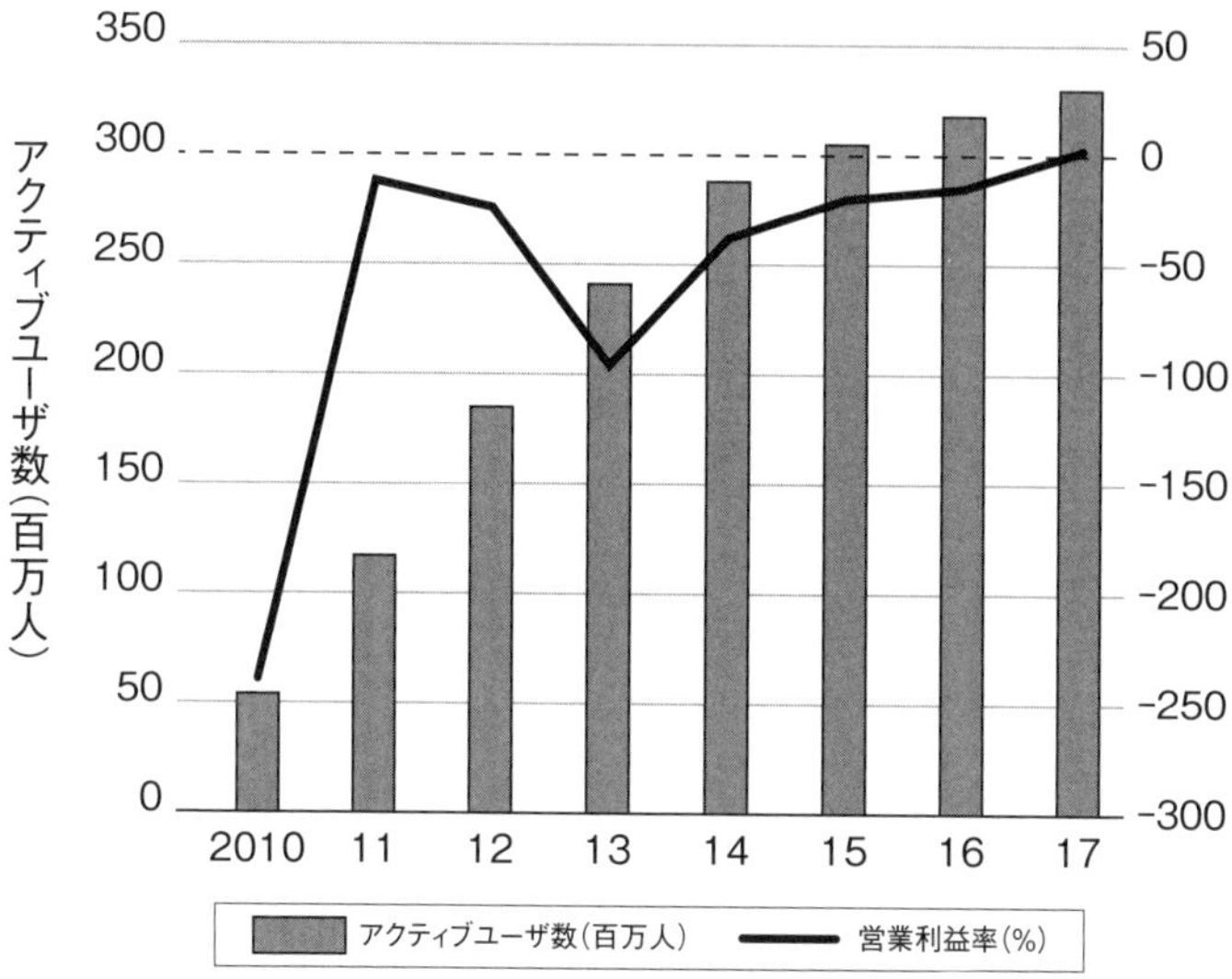

図3-8　ツイッターのアクティブユーザ数と営業利益率推移
(出典：ツイッター社のIR資料より筆者作成)

そのように「誰でも知っているサービス」であるツイッターだが、実は近年まで赤字続きであったことをご存じだろうか。図３－８は、２０１０年～２０１７年におけるツイッター社の営業利益率とユーザ数推移を描いたものである。

図３－８を見ると、早期に大量のユーザ数を抱えているにもかかわらず、２０１６年まで大きな赤字を出し続けており、２０１７年になってやっとわずかに黒字に転じていることがわかる。ツイッターは２００６年に誕生したサービスであるので、実に黒字化まで10年強かかっているといえる。

ツイッターの事例は、「フリー」と「高い利便性」で大量のユーザを獲得しても、広告料だけで黒字化を達成するのがいかに難しいかを如実に示しているだろう。

さらに詳細に売上の内容を確認すると、2017年の営業利益率は1・6%である一方、売上高の13・6%は、実はデータライセンス料などの広告料以外が占めている。ネット広告市場が拡大しているといわれる昨今にあって、しかもツイッターほどの人気サービスであっても、広告収入だけでの黒字化は困難なのである。

▽ある程度の期間の赤字継続を覚悟する必要がある

ツイッターの事例からわかるのは、新サービスを展開する際には5年以上赤字が続くことを覚悟で始めなければいけないということだ。近年、日本の大企業を中心に、新しいことを始めようとしてもなかなか許可されないという話を頻繁に聞く。リスクがあり、市場規模が見えないような場合（あるいは現在は市場規模が小さい場合）にそのようなことが起こるようである。

これはハーバード大学教授のクリステンセン氏の言葉を借りるならば、「イノベーション（イノベーター）のジレンマ」といわれるもので、いわゆる大企業病の1つである。イノベーションのジレンマとは、簡単にいうと、既存製品の改良によって事業が成り立ってしまう大企業が、既存製品や既存事業の持続的イノベーションにばかり注力し、将来大きく伸びる可能性のある新事業への投資を行わないことをいう。その結果、まったく新しい価値を生み出すような破壊的イノベーションを起こした新しい企業の登場で、競争力を失ってあっさり敗れ去ることがある。

フリーを導入し、情報社会においても持続・発展して行くビジネスを構築するには、このようなジレンマに陥らないようにする必要がある。社員1人ひとりがリスクをとるようにし、短期的に利益が上がらなそうな場合でも創造的な活動を継続できるような環境を整えることが重要だ。

情報社会では経済のあり方、お金の使い方が変わる

∇「お金」の奪い合いと同時に「時間」の奪い合いも

従来の経済学では、あらゆる経済理論において、価格が需要を決定することを前提に、企業間競争や価格戦略などを考えてきた。また、その国の豊かさを示す指標として、GDP（国内総生産）が世界中で広く使われている。しかし、このようにフリーが基本的な戦略になってくると、価格だけでは市場メカニズムを説明できなくなり、経済取引の金額だけでは人々の豊かさを説明できなくなってきている。

たとえば、あなたがスマートフォンを起動してひとたびアプリストアを立ち上げれば、数えきれないほどの大量のアプリを無料でダウンロードできることに気づくだろう。しかし、無料にもかかわらず、それらのほとんどのアプリを利用せずに我々は生活している。生活に必要がないから、という理由だけではない。

その証拠に、たとえばゲームをしたいと思っても、せいぜい数種類のアプリしか利用しないだろ

う。必要を感じて、たとえば健康アプリを利用しようと思っても、やはり何種類もインストールしようと思わない。必要と思っても、すべてがフリーであっても、利用するアプリは実に少数である。

このような消費者行動は、人々の予算による制約と価格、そしてその財を消費することで得られる効用（満足度）の関係を考えるような、従来の経済学では説明がつかない。情報社会では、もう1つ時間による制約という概念が非常に重要になってくる。

フリーが基本戦略となる情報社会では、多くの製品・サービスが時間の奪い合いという市場競争に直面する。人は1日に16時間ほどしか活動していない。そのため、ゲームも書籍も健康診断もコミュニケーションも、全部無料であったとしても、それらすべてを満足の行くまで利用することはもはやできない。

情報社会以前は、「物が豊富にある」ので「予算制約の中でさまざまなものを自由に消費できる」という時代だった。ところが、情報社会となって、「フリーが豊富にある」ので「時間制約の中でさまざまなものを自由に消費できる」という時代にシフトしてきたということだ。つまり、商品やサービス間で「お金の奪い合い」が繰り広げられていた時代から、「時間の奪い合い」へとシフトしているのである。

このような時代には、とりわけＢｔｏＣのビジネスであれば、どのようにして消費者に時間を確保してもらうかを設計する必要がある。そしてその競争においては、従来の市場の定義の枠を超えて、競争相手を考える必要がある。時間争奪戦を考えれば、ある本を発売する場合のライバルは、ほかの本だけではないのだ。メッセージアプリや動画サイト、ゲームなどもライバルになり、それらとの時間の奪い合い競争が起こっているのである。

∇フリーから得る「豊かさ」はGDPでは測れない

また、これほどまでにフリーのものが溢れてくると、豊かさはもはやGDPなどの経済指標だけでは測れないのではないかという議論がある。従来は価値を見出して取引を行うことが社会にとって良いことであり、経済取引が増えることが豊かさの象徴であった。

しかし限界費用ゼロ時代においては、低い価格(あるいは無料)で利用している＝価値を感じていないという方程式はまったく成立しない。我々は無料の電子メールでやり取りし、無料のスマートフォンOSを利用し、無料のメッセージアプリでコミュニケーションをとり、無料クチコミサイトで商品の評価を知り、無料の検索エンジンで知りたい情報を調べる。そしてこれらの行為から、間違いなく高い満足感を得ており、「なくなったら困るフリーのサービス」は少なくない。

MIT教授のブリニョルフソン氏も、消費者がネットサービスの利用に多大な時間を消費しているという事実は、消費者がネットから膨大な便益を得ていることを示していると指摘している。このようなインターネットがもたらす価値をGDPの枠組みでとらえることには限界があるので、別の方法で消費者の向上した便益を推計することが重要だと述べている。そして、有形のものだけを計測していると、生活をより良くする無形のものを無視することにつながるとし、幸福度を測る新しい手法を早期につくるべきとも指摘している。

要するに、新しい指標で、人々の得ている効用を計測しなければ、社会的厚生（社会における人々や企業の満足度の総計）を正しく測り、適切な政策を考えるのは難しいということだ。

そのような状況を受け、筆者らの研究チームでは、ネットで人々が無料で利用しているサービスの中で、とくに情報シェア（情報共有。コミュニケーションや情報のやり取り、コンテンツの共有など）がどれほどＧＤＰに反映されない価値を持っているか、定量的に分析したことがある。

２０１７年に発表したその研究では、従来のような人々が予算制約のもと消費行動を決めているというモデルではなく、さらにそこに時間という制約を加味したモデルを構築して、ＧＤＰに反映されない満足度を金額換算した。分析に使ったのは、20代～60代の男女６６０２人のアンケート調査データである。

分析した結果、そのような価値・満足度は、日本全国で年間15・７兆円～18・３兆円に達することが明らかになった。これは名目ＧＤＰの３・２０～３・７４％に当たり、銀行（15・９兆円）や電力（19・３兆円）の市場規模に匹敵する。

以上のことは、我々が無料で行っているネット上のやり取り・情報シェアは、ＧＤＰに反映されない非常に大きな価値を人々に提供していることを示唆している。

しかしそれと同時に、「経済取引になっていない消費者の巨大な満足感がある」ということもいえる。つまり、その巨大な満足感に対して、消費者がお金を払ってもいいと思える状況をうまくつくることで、収益化に結びつけることが可能だ。

たとえば、メッセージアプリによるコミュニケーションに人々は大きな価値を見出している。現在ネットを使った時間・場所の制約なしのコミュニケーションはフリーが当たり前になってしまったため、ここから単純に課金してマネタイズするのは難しい。

しかし、スタンプというそれをより楽しくするものを提供すると、その「経済取引になっていない消費者の巨大な満足感」に訴えることができて、購入する人が多く現れるのである。付加価値をつけることによってこの18兆円に相当する潜在的満足感に訴え、より大きなビジネスにつなげることができる。

あらゆる業種でフリーを活かすことが必要に

∇フリーを活用するには情報財を扱うことが必須

以上のように、情報社会において欠かせない戦略となるフリー。今まで有料なのが当たり前だった市場に、ある日突然フリーの物が参入してきて市場構造を劇的に変化させるということが日常的に起こっている。では、具体的にどのようなものがこのフリー戦略に合っているのだろうか。

重要なのは、限界費用が限りなくゼロに近い情報財やサービスを扱っているということである。

限界費用が高い場合、フリー戦略をとっても早期に疲弊し、収益化につなげることはできない。フリーの多くのビジネスモデルでは大量の人にフリーで利用してもらうことを前提としているため、限界費用が安いことは必須条件となる。

このように聞くと、グーグルやフェイスブック、ＬＩＮＥのようなネット業界でしか採用できないビジネスモデルのように聞こえるかもしれない。しかし、情報社会になり、価値の源泉が物理的なハードからソフト、さらに情報やデータに移って行く中で、どの業界であっても情報財を扱わない企業は利益を思うように生むことができず、やがて滅んで行くことになる。

今情報財を扱っていないからうちの業種には関係ないと考えるのではなく、どのようにしてフリーを活用できるようなビジネスモデルに転向できるか考えることが重要なのだ。

製造業でも情報を扱う時代になっていることは、多くの事例も証明している。たとえば、「ミシュランガイド」などで有名なミシュラン社の本業は、フランスに本拠地を持つタイヤメーカーである。ミシュランは情報社会にシフトして行く中で、運送会社向けにトラックとタイヤにセンサーを装着し、燃料消費量やスピードなどのデータを分析することで、燃料消費量削減、整備時間短縮、タイヤ交換タイミング最適化といった、運用コスト最適化サービスを提供するようになった。さらにそれだけでなく、走行距離を精密に取得することができるようになったので、走行距離に応じて課金するようなタイヤの新しいビジネスモデルも構築している。

また、航空機エンジンなどで有名な米国のゼネラル・エレクトリック社は、ただ航空機エンジンを製造するというビジネスから、エンジンの遠隔監視による保守サービスや、航空機全体のメンテナンス、そして運航計画最適化サービスなどを展開するようになった。

日本で最も大きいものづくり企業であるトヨタも、近年積極的にデータを活用したサービス分野への参入を行っている。とりわけ力を入れているのが、自社の強みを活かしたＭａａＳ（マース、Mobility as a Service）――移動のサービス化――への参入である。移動のサービス化といってもわかりにくいが、移動手段を単なるハード（物）ではなく、サービスとして提供するということである。

製造業がサービスをやるということを不思議に思う人も多いかもしれないが、トヨタの社長はこのハードからサービスへの転換について、２０１８年に決算発表で以下のように述べており、本気で取り組んでいることが良くわかる。

私は、トヨタを「自動車をつくる会社」から、「モビリティ・カンパニー」にモデルチェンジすることを決断いたしました。「モビリティ・カンパニー」とは、世界中の人々の「移動」に関わるあらゆるサービスを提供する会社です。

繰り返しになるが、データや情報、サービスを扱うのが情報社会において価値を生み出す源泉である。そして、フリーのビジネス戦略はその構想を描けて初めてとる戦略である。「自社の今のビジネスには関係ない」と考えるのではなく、「自社が今関係ないのは非常に危機的状況なのだから、ビジネスモデルのシフトを行う」と考えなければ、生き残るのは非常に困難な時代になった。

第4章　1%から利益を生み出す「価格差別」

多段階価格差別はなぜ高利益を生み出すか

▽価格差別の鍵「需要曲線」「支払い意思額」

第2章でみたとおり、フリーで高利益を達成するためには、価格差別戦略をとることが欠かせない。そして、モバイルゲームやＬＩＮＥスタンプのような多段階価格差別——消費者が支払いたいだけ支払えるようにする——こそがその究極の形である。

なぜそう言い切れるのか。その仕組みを需要曲線で考えてみたいと思う。需要曲線とは、ある財がある価格で売られたときの需要量をグラフで表したもので、経済学で用いられる概念だ。一般的に、縦軸をその製品・サービスの価格、横軸を需要量としてグラフを描く。ほぼすべての財において価格が上がれば需要量は減少するため、需要曲線はたいてい右下がりとなる。

たとえば、ある商品が価格100円で売られていた際に、その需要量（ニーズ）が100個だったとしよう。次に、その商品価格を50円に下げたら、需要量が170個になった。このとき、この（100、100）という点と、（50、170）という点を結んで曲線を引いたものが需要曲線となる。

ここまでがミクロ経済学的な需要曲線の捉え方である。しかしこれをビジネスの実践に応用すると、需要曲線は「ある製品・サービスに対する支払い意思額（顧客評価額）の分布」ともいうことができる。これはどういうことか、順を追って説明しよう。

まず、「支払い意思額」とは、第2章で触れたとおり、消費者が製品・サービスに直面したときに、「これに支払っても良いと思う最大の金額」のことを指す。この支払い意思額は、1人ひとりの消費者によってまちまちである。そして、価格が支払い意思額よりも低い場合に、消費者はその製品を購入する。

たとえば、りんごが好きなAさんとそれほど好きではないBさんがいたとする。ある高級りんごを店頭で見かけて、Aさんは1000円までなら支払っても良いと考えたが、Bさんはそれより安い500円までなら支払っても良いと考えた。このりんごの価格が800円だった場合、Aさんは購入するが、Bさんは購入しない。なおかつ、Aさんは1000円払っても良いと考えていたのに800円で買えたため、「200円得した」と感じる。これを「消費者余剰」という。

需要曲線に話を戻すと、市場における消費者を、その人の支払い意思額の高い順（その商品から大

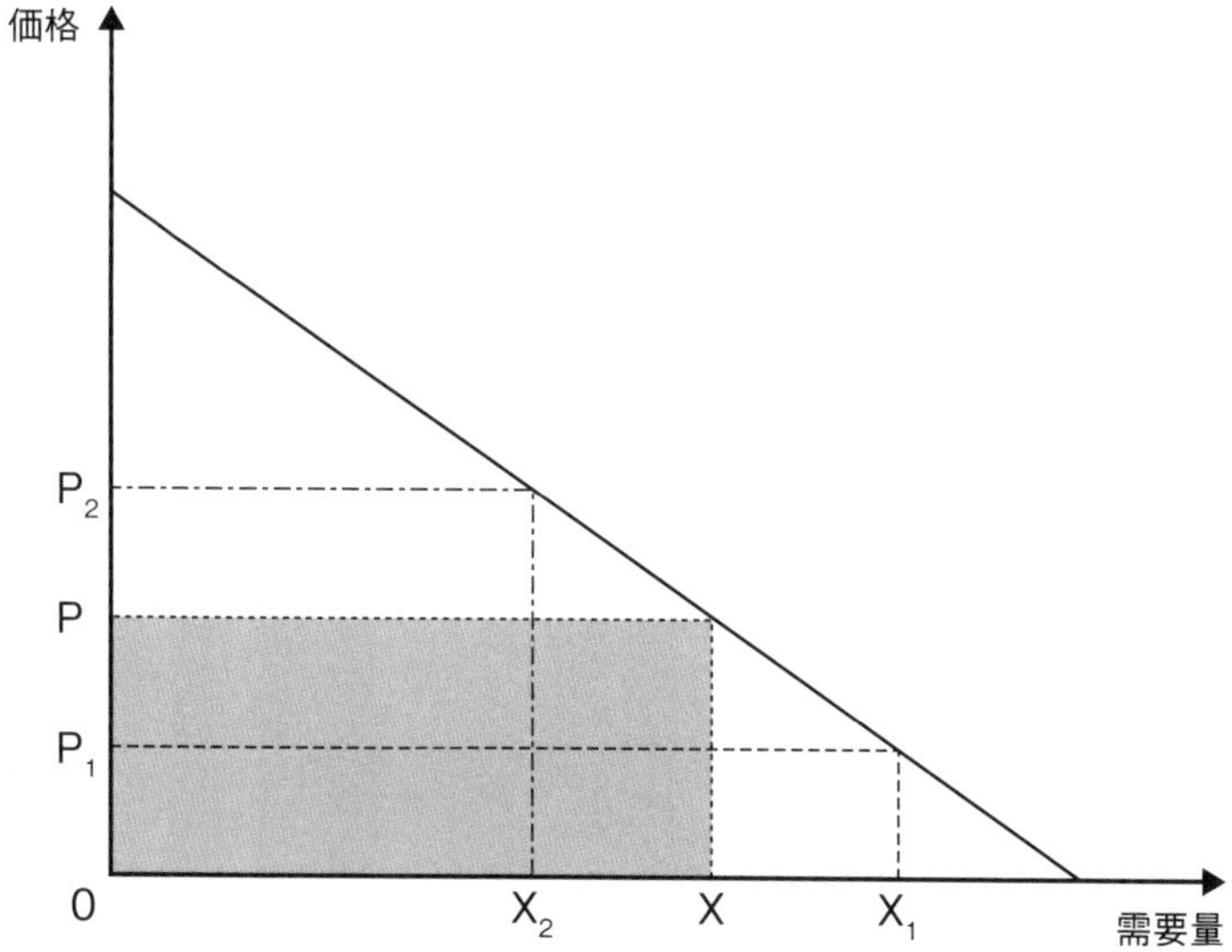

図4-1　価格Pで販売したときの総収益

きい満足を得られると考えている人順）に左から並べたとする。先ほどの例でいうと、Aさんは Bさんよりも左に位置する。さらにそれが2人ではなくて、市場にいる無数の潜在的消費者をこの順番に並べた場合、支払い意思額によって右下がりの曲線が描かれることがわかるだろう。つまり、それが需要曲線なのである。

▽価格差別による収益上昇を図に表す

文字だけだとわかりにくいので、実際に需要曲線を見てみる。図4－1は、一般的な製品・サービスの需要曲線を描いたものである。わかりやすく直線で描いてみた。この直線は支払い意思額の分布と考えれば良い。

この需要曲線では、価格P_2でも購入しようと思う人は、支払い意思額がP_2よりも高い人

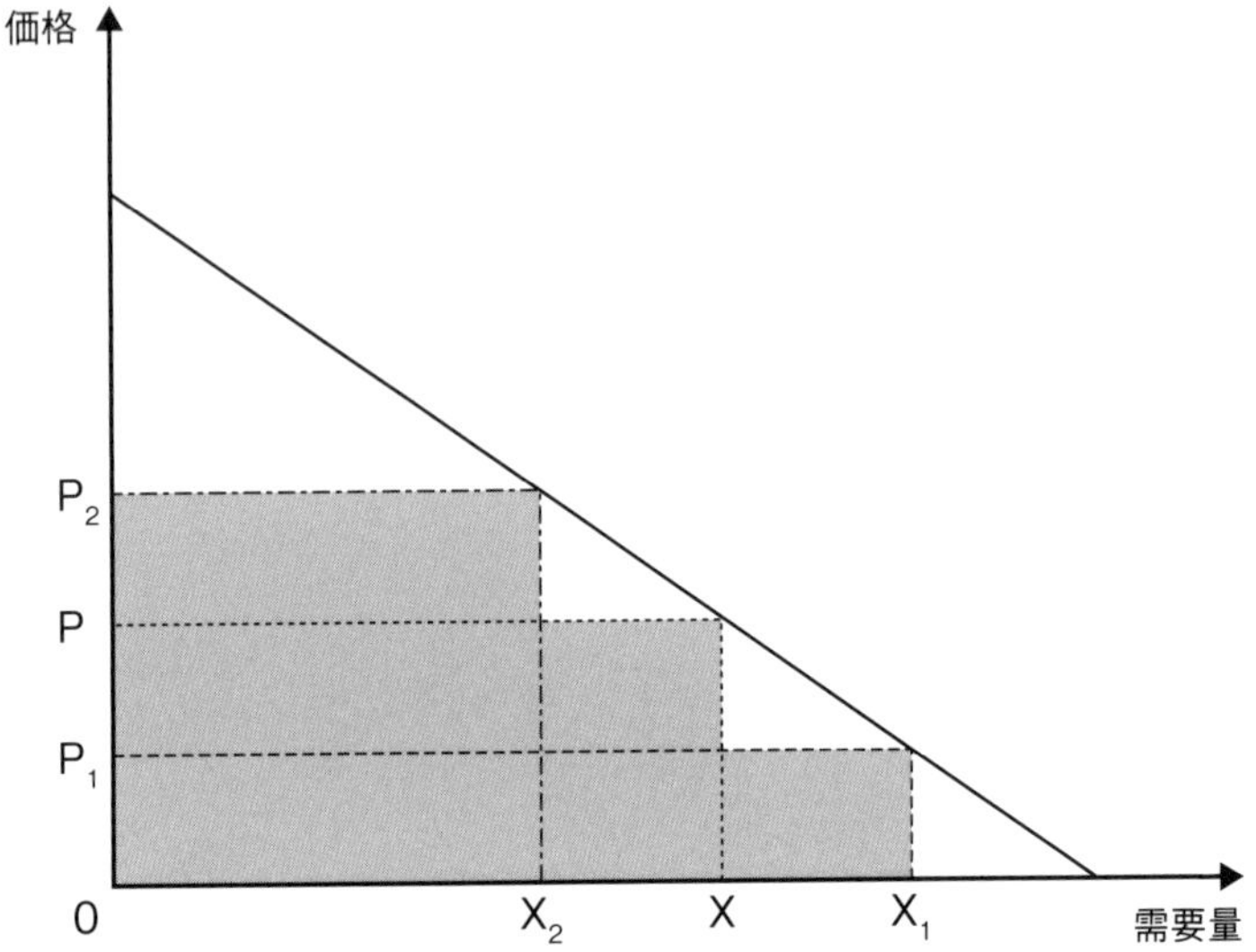

図4-2　価格P、P_2、P_1で販売したときの総収益

で、それはX_2人いることになる。同じように考えて、価格Pの場合に購入しようと思う人はX人、P_1の場合に購入しようと思う人はX_1人いる（$X_2<X<X_1$）。今、製品・サービスの価格がPであったとき、支払い意思額がP以上の人（X人）が購入することになるので、総収益は図4－1のグレーの部分の面積（＝価格×需要量）となる。

ではここで、価格差別を行った場合を考える。価格差別とは、端的にいえば、支払い意思額が高い人には高い価格で、低い人には低い価格で商品を売ることだ。支払い意思額がP_2以上の人には価格P_2で、支払い意思額がP以上P_2未満の人には価格Pで、支払い意思額がP_1以上P未満の人には価格P_1で提供したとしよう。

その場合、総収益は図4－2のグレーの部

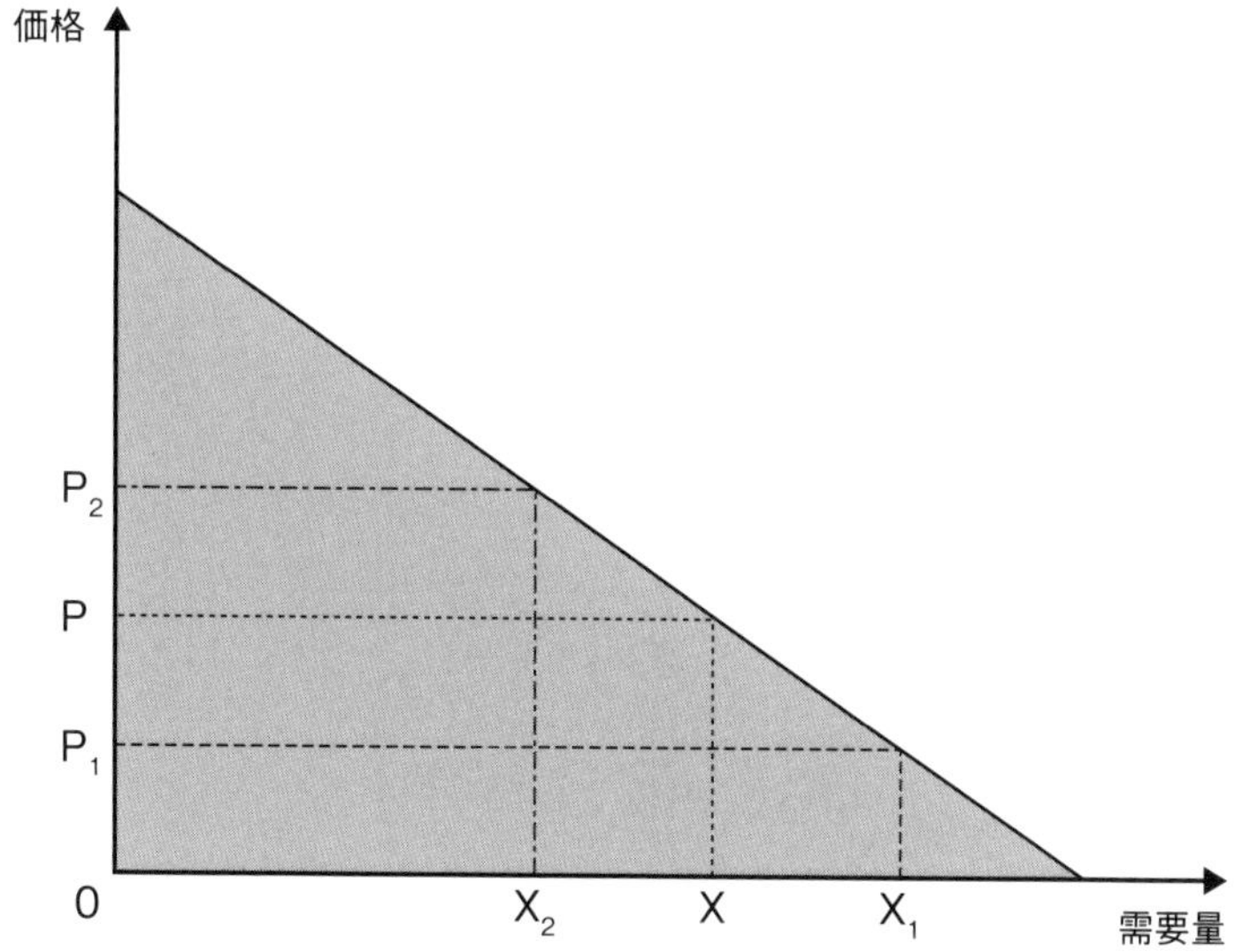

図4-3　多段階価格差別で販売したときの総収益

分の面積となり、元の図4−1の長方形からはみ出した分が価格差別によって新たに得られた収益となる。

さらに、多段階価格差別を考える。多段階価格差別では、消費者は支払いたいだけ支払うことができる。つまり、支払い意思額と価格は一致するということである。支払い意思額は需要曲線そのものであるため、この需要曲線と価格が一致するといえる。その結果、総収益は需要曲線の内側すべてとなり、図4−3のグレーの部分の面積となる。

ここで、この仮想的な需要曲線での思考実験に現実味を与えるため、具体的な数字を入れて考えてみよう。潜在的な需要者を10万人(グラフ横軸の切片が10万人)とし、価格が6万円を超える支払い意思額の人はいないとする(グラフ縦軸の切片が6万円)。需要曲線の形は図のように直線だとして考える。さらに、P_1を2万円、Pを3万円、P_2を4万円とする。このとき、「多段階価格差別で販売」「価格P_1、P、P_2の3段階の価格差別で販売」「一律に価格Pで販売」のそれぞれの場合の収益は、以下のようになる。

多段階価格差別　30億円（これを100％とする）
3段階の価格差別　21・7億円（72％）
一律価格　15億円（50％）

モバイルゲームの価格差別の実例で考える

∇実際の需要曲線の形と多段階価格差別の効果

上記の試算の結果をみると、図4－3で色のついた部分の面積は、図4－2よりも、図4－1よりも大きく、最大で2倍の違いが生まれている。これが、多段階価格差別で高収益を上げるからくりである。一物一価の通常の製品・サービスは、実は消費者の支払い意思額（顧客の意向）をうまく反映することができず、多くのロスを生み出しているのだ。

しかし、ここまでに用いたのは、あくまで仮想的な需要曲線である。現実の需要曲線に多段階価

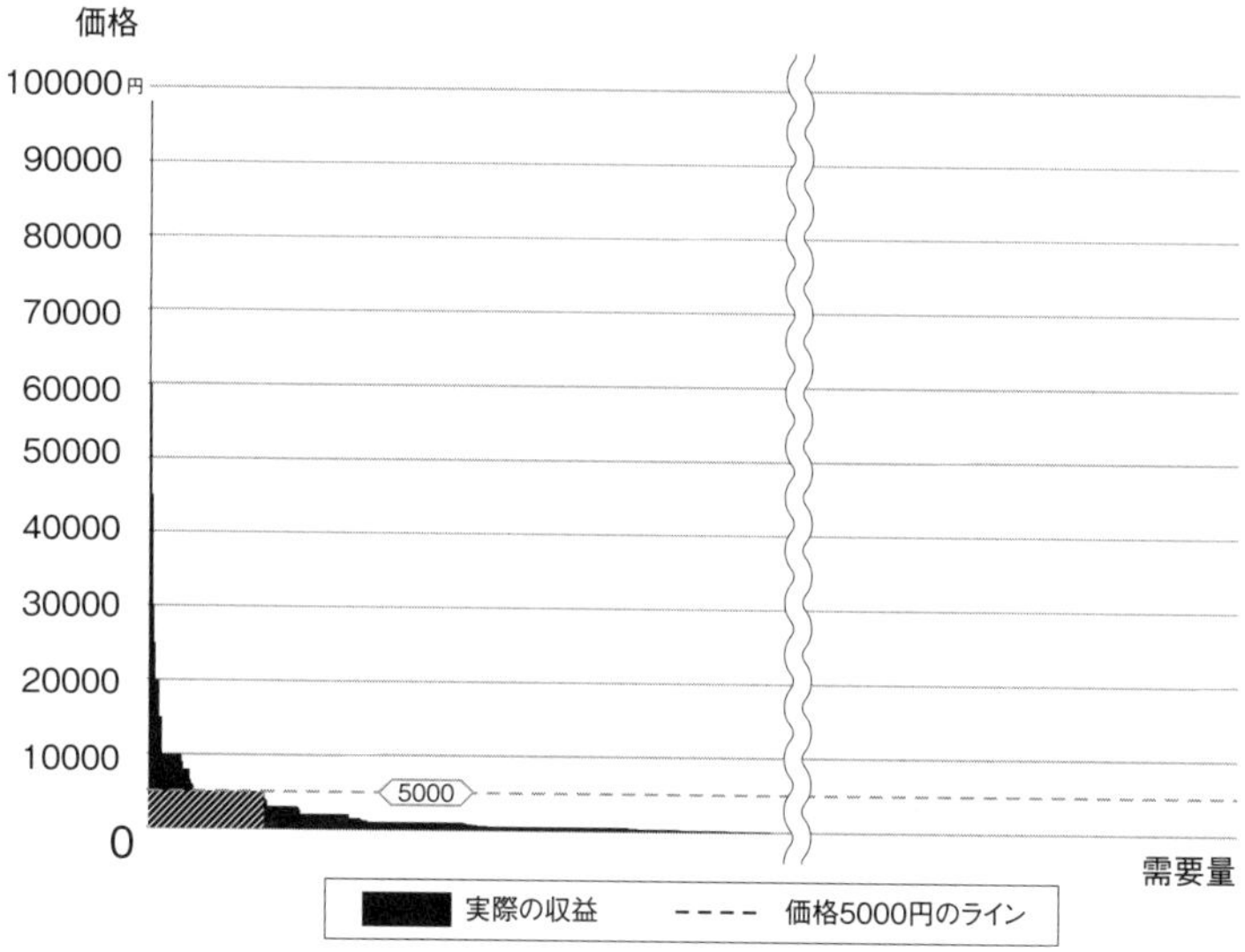

図4-4　あるモバイルゲームにおける需要曲線
（出典：ゲームエイジ総研のデータを基に筆者作成）

格差別を適用した場合、収益の増大はどれほどになるのか。

実際の需要曲線で考えるに当たっては、多段階価格差別を実践しているモバイルゲームのデータを用いる。前述のように、多くのモバイルゲームでは、ゲーム内アイテムやキャラクターの購入などに、好きなだけお金を払うことができるし、一切払わずに遊ぶことも可能なので、多段階価格差別が実現している。

図4－4は、あるモバイルゲームのある月におけるユーザの支払額の分布を描いたものである。なお、こちらは3200人程度を対象としたサンプル調査となっている。また、データは調査会社ゲームエイジ総研が調査したものである。

図4－4を見ると、原点付近で極端に凸

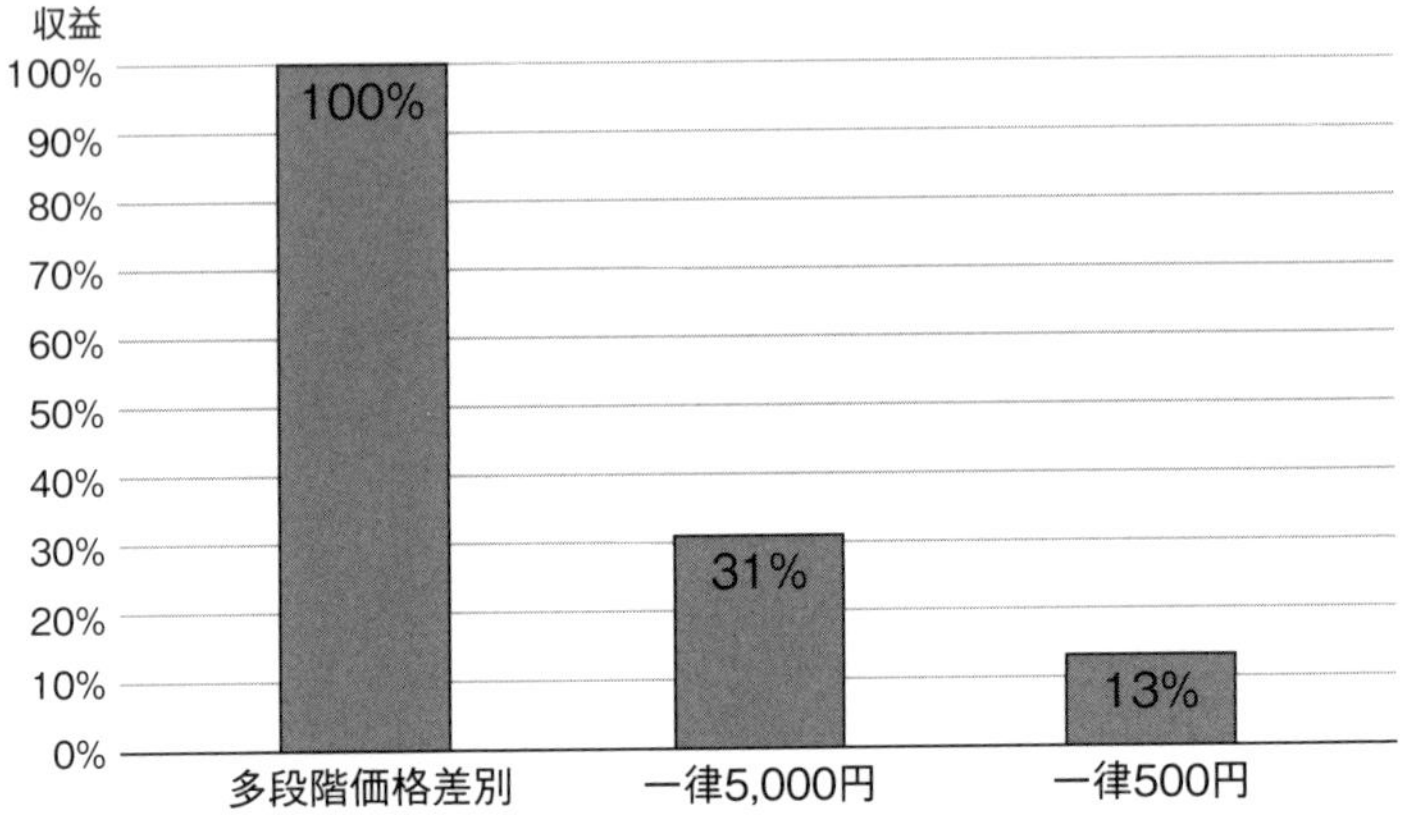

図4-5　モバイルゲームの価格設定と収益比較

の曲線となっていることがわかる。これはわずかながら、極端に多額の支払いを行う人がいることを示している。非常に熱心なファンからライトなファンまで、市場に幅広く存在するそのため、月に25万円支払う人もいれば、月に1円も支払わない人もいるのである（ただし、図はわかりやすくするために目盛りを最大10万円としている。実際にはそれを超える額を支払うユーザも一部存在する）。

そして、全体から見るとほとんどのユーザが無料でゲームを楽しんでおり、仮に有料ユーザであったとしても月に数百円しか支払っていないライトユーザが大部分を占めていることがわかる。

▽多段階価格差別は数倍の収益拡大を実現

さて、モバイルゲームは多段階価格差別を採用したことにより、どのくらい収益を増大させているのだろうか。

このケースでは、多段階価格差別を採用したため、この支払い意思額の分布に対して、図4－3と同様に需要曲線の内側の面積がすべて収益となっている。

しかしここで仮に、月額5000円というようにゲームを設計したとしよう（実際には月額5000円などが一般的であるが、ここではグラフ上の見やすさを優先して5000円としよう）。5000円より支払い意思額が高い人だけがサービス利用者となるため、需要曲線と5000円ラインの交点を頂点とした、図4－4で斜線で塗りつぶされた長方形の部分が収益となる。本ケースでは5000円以上の支払い意思額の消費者は全体の3％に満たないため、それ以外の消費者はサービスを利用しないこととなる。[9]

さて、価格差別をしない場合とモバイルゲームのような多段階価格差別をした場合で、収益を比較してみよう。それを計算するため、元の収益を100％とし、一律5000円としたときの収益、一律500円としたときの収益を試算した（図4－5）。

図を見ると、多段階価格差別をしない場合には収益が著しく減少することがわかる。とりわけ一律500円の場合には、多段階価格差別の場合の13％しか収益がない。

支払い意思額をすべて価格に変換する多段階価格差別戦略が、高収益化にいかに寄与するかわかる。多段階価格差別戦略がもたらす実際の収益の増大は、仮想的な直線の需要曲線で考えるよりもはるかに大きいのである。

9　なお、実際には支払い意思額5000円未満ユーザがゲームから姿を消すことでネットワーク効果も小さくなり、需要曲線そのものが左にシフトすることが予想されるので、より収益は減少するだろうが、ここではそれは考慮しない。

多段階価格差別による収益増大と「上位1%」

▽多段階価格差別を支えているのは上位1%のユーザ

「パレートの法則」というのをご存じだろうか。イタリアの経済学者であるパレート氏が発見した法則で、全体の上位2割の高所得者が、社会全体の8割の所得を占めるというものである。

今日ではさまざまなビジネスシーンでもいわれるようになっており、「売上の8割は上位2割の顧客が生み出している（つまり、顧客全体を対象とするより2割に的を絞ったマーケティング戦略が重要である）」「組織全体の上位2割の人間が多くの利益をもたらしている（仮にその2割がいなくなると、残った8割の人の中の上位2割が、大部分の利益をもたらすようになる）」などといわれる。

これに対し、『フリー』著者のアンダーソン氏は、フリーのビジネスモデルにおいては上位2割どころか、上位5%が残りの95%のユーザを支えると述べた。確かに、多くのフリーミアムなサービスにおいて、有料ユーザはおよそ5%となっている。

しかし、多段階価格差別においては、その中のさらにごく少数——全体の1%——からの収益が、サービス全体を支える構図となっている。なぜならば、製品・サービスに対する支払い意思額とは、多くの場合「べき乗則」に従っているからだ。べき乗則とは統計モデルの1つであり、図4－4のようなロングテール型の曲線を描くのが特徴である。

べき乗則に従う場合には、たとえば支払い意思額が一番高い人が100万円だったとすると、2位の人は50万円、3位は33・3万円、4位は25万円……のように、順位に反比例して減少する。[10] つまり、下の方の順位になると0に近似するような支払い意思額の人が大量にいることになる。

べき乗則に従うなら、ユーザが数万人や数十万人いる場合には、ほとんどの人の支払い意思額が0に近い付近にあるものの、支払い意思額の極端に高い人が割合としては少ないながら、無視できない数で存在することになる。そして、100万円を支払う1人は、1000円を支払う1000人の収益に匹敵するのである。そのため、支払い意思額をそのまま収入に変えることのできる多段階価格差別では、そのような極端に支払い意思額の高い人からの収入がビジネス上重要となる。

たとえば、先ほどのモバイルゲームの例でいうと、全ユーザのうち支払い金額上位1%のユーザが、全体の収益の実に70%を占めていた。究極的には、この1%のユーザが存在するだけで、当該モバイルゲームは運営できてしまうレベルである。2割が8割を支えるというパレートの法則より、はるかに少人数が大部分を支える構造となっているのがわかる。

10 一般的な関数形は$f(x)=Cx^{-\alpha}$と書ける。このとき、Cとαは正の定数、xは順位である。Cを100万、αを1とすると、例示したような、順位に反比例して減少するものが描ける。たとえばαを2とすると、1位は100万円、2位は25万円、3位は11・11万円、4位は6・25万円……となる。

▽上位1％の法則はあらゆるところに見られる

このような上位1％の法則は、何もモバイルゲームだけの特殊な現象ではない。実は近年、多くの現象が上位1％の法則に従うことがわかってきている。

国際NGOオックスファムが2018年に発表した報告書によると、2017年に創造された富のうち、82％は富裕層上位1％が手にしていたようである。それに対し、世界の貧しい半分の37億人が手にした富は、1％に満たなかったと指摘している。それに加え、何とも衝撃的な話であるが、世界のビリオネア（個人資産が10億ドルを超える大金持ちのこと）の数は2日に1人増えており、世界のビリオネアの資産は2010年以降、毎年平均して13％増加しているようである（一般的な労働者の資産増加は年率2％）。格差拡大が進む中で、まさに上位1％の法則がマクロ経済にまで浸透してしまったといえる。

教育でも同じような指摘がなされている。米ニューヨーク・タイムズ紙は、2012年に「1％の教育（One Percent Education）」というタイトルで、教育における上位1％の法則（とそれに伴う問題）について発表した。記事では、上位1％の教育を受けている人とそうでない99％の教育格差が、経済格差を生み出し、これがさらに教育格差を生み出すというループによって固定されており、それを是正するための大学数も足りないと述べている。つまり、裕福な家庭の子供は良い教育を受け、名門大学に入学してさらなる優位性を築くことで、ほかの99％に対する学術的資本を吸い上げているというわけである。

実際、2011年にSAT（米国における大学進学適性試験）を受験した高校3年生160万人のうち、名門の大学に進めるのは約3万人であったことがわかっている。上位1％の教育を受けてきた彼らがこの競争を突破し、彼らはさらに専門的な教育を受け、次世代の上位1％をつくるのだ。

ビジネスでも同様の現象が起きている。情報社会になり、IT産業が著しく成長したが、このIT産業では上位1％の法則がいたるところに見つかる。具体的には、OSやブラウザ、検索エンジンなどのITサービスは、上位1％どころか1つのサービスが、市場シェアの大半を占めることが知られている。たとえば、2018年のパソコンOSシェア（世界）を見るとウィンドウズが8割を超えるシェアを獲得しており、パソコンブラウザシェアではクローム（Chrome）が7割となっている。このようにIT産業で上位1％の法則が起きやすいのは、ネットワーク効果が働いていることと、使い慣れたソフトウェアやデバイスから消費者がなかなか離れないことが挙げられる。

また、変わったところでいうと、インターネットコミュニティにおける活動にも上位1％の法則が適用されるようだ。ブロガーのマコーネル氏は、ウィキペディアの編集の50％が0・7％のユーザによって実施されており、1・8％のユーザが72％以上の記事を書いていることから、インターネットコミュニティにおける上位1％の法則を指摘している。

さらに、ニールセン・ノーマン・グループ設立者のニールセン氏も2006年に上位1％の法則を指摘して、ユーチューブユーザのわずか0・16％しか動画を投稿していないことや、16万を超えるアマゾンレビューのうちほとんどがトップ100レビュワーによって書かれていると述べている。

そしてこれはネット上での募金活動にも当てはまり、NPOに寄付できるアプリをフェイスブックが提供した際には、ユーザのうち0・7%しか寄付をしなかったようである。

実は、筆者が過去に行ったソーシャルメディアに関する実証研究でも、上位1%の法則が明らかになっている。2018年に発行した『炎上とクチコミの経済学』(朝日新聞出版)では、年間約1000件発生しているといわれるネット炎上も、実はネットユーザのごく一部によって起こされていることを指摘した。

何と、過去全期間をとおして1度でもネット炎上に関して書き込みをしたことのある人は、ネットユーザの1・1%にすぎなかったのだ。さらに、書き込みを行った時期を過去1年以内に絞ると、わずか0・5%しかいないことが明らかになった。

加えて、このような現象は、製品やサービスのレビューでも同様で、ネットユーザの1%が、レビューの実に40%以上を書き込んでいたのである。

∇上位1%の法則を収益に結びつける3つのポイント

このように、上位1%の法則は、情報社会の進展とともに顕在化し、一般的な法則になりつつある。そしてそれと同時に、IT技術の進展はその1%から適切に稼ぐことを可能にした。決済手段の充実は、それぞれの消費者の支払い意思額に応じた課金(価格設定)を可能にした。通信網の発達は、多段階の課金額に応じて差別化されたサービスを提供することを可能にした。データ分析技術の発達は、上位1%の人がどのようにすればサービスに満足するのか分析したうえで、適切なサービスを提供することを可能にした。

つまり、上位1%の法則は普遍的であることが明らかになり、それを収益に結びつける機会も手段も整ってきているといえる。このことは、価格差別によって高収益を狙えるのは必ずしも一部のネットのサービスだけではなく、既存のビジネスも工夫をすることで価格差別を導入し、この上位1%から効率的に収益を上げることができるということを示唆している。

では、この1%をどのようにビジネスに活かせば良いのだろうか。実は、最も重要なのは、「下位の99%は不要な99%ではない」ということを知っておくことである。

上位1%の法則……ましてや、1%のユーザが70%の収益を上げているような先ほどの事例を聞くと、ついその上位1%にフォーカスしてビジネスをしたくなる。実際、一般的なマーケティングに関する議論でも、先述したパレートの法則に基づいて、「80%の収益を上位20%の顧客が生み出しているのだから、そこにフォーカスしてマーケティングをするべきだ」という主張が以前からかなされてきた。

しかし、上記のような決済手段の充実や差別化されたサービスの提供が可能になったことにより、消費者は自らの支払い意思額に応じて柔軟に支払うことができるようになっている。そのような状況では、下位99%を維持し、裾野を広げておくことで、そこから移行する潜在的な有料ユーザを確保することにもつながるのだ。

加えて、情報社会においては、下位99％の消費者の存在が、上位1％の消費者の効用並びに支払い意思額を増加させるうえで大事な役割を果たしていることが多い。これは第2章やこの後の第5章でみるような、ネットワーク効果が働いているためである。

以上の理由から、彼らを大切にすることがビジネス上の鍵となるのだ。具体的には以下の3つを意識する必要がある。

第一に、少額の有料ユーザや無料ユーザも含めてユーザ数を多くする、裾野を広げる努力をする。当たり前であるが、上位1％から多くの収益を上げるためには全体の顧客数を増やし、その1％の人数を増やす必要がある。上位1％というのは、100人の消費者の中ではたったの1名だが、100万人の消費者の中では1万人も存在する。

そのように裾野を広げるために、基本無料にして参入障壁を下げる、大々的に広告を打つなどに注力する。短期的には上位1％以外のユーザを増やす行為ではあるが、中長期的には、やがてそこから新たな1％が生まれるのである。

第二に、無料ユーザも満足感を得られる設計にする。情報社会のビジネス、FSP‐Dモデルにおいては、ネットワーク効果が働くことで、製品やサービスの内容が同じでも、ユーザ数が増えれば効用は増大する。つまり、無料ユーザの増加はサービス全体の価値を高めることにつながる。ユーザが増えれば増えるほどユーザ1人当たりの効用が増加するという特性上、無料ユーザもサービスの魅力を上げる重要な資源なのだ。

99%を軽視するのではなく、むしろ継続的に顧客になってもらうための努力をすることで、上位1%のユーザの支払い意思額を増加させたり、継続利用させたりといったことにつなげることができる。

第三に支払価格に応じた明確な差別化ポイントをサービスの中に用意しておく。無料ユーザが有料ユーザに移行するには、無料と有料で明確な差別化がなければいけない。さらに、多段階価格差別であれば、低い金額を支払っている消費者と、高い金額を支払っている消費者の間でも、差別化されている必要がある。

どんなに裾野を広げても、全ユーザが無料ユーザのままであったら、高収益は達成できない。無料ユーザに対して良いサービスを提供しつつ、上位1%が支払いを維持したくなるような差別化ポイントをつねに用意しておく必要があるのである。有料ユーザのメリットが希薄でサービスを失敗した事例は多い。

▽下位99%の尊重は中長期的な高い収益につながる

その点において、多くのモバイルゲームが持っている競争・共闘・ランキングなどの要素は、つねに支払いをさせるインセンティブを付与する。支払えば支払うほど競争に有利になり、チームとの共闘がスムーズになり、ランキング上位に行けるからである。

ただし、近年では無料でも十分に楽しめるということを重視する傾向がモバイルゲーム市場では強まっている。これは一見すると「差別化」という観点からは不適切な戦略のように思える。しかし、「99%を大切にする」という観点からは、むしろ価格差別において最も重要な点を押さえているのだ。つまり、市場が成熟して競争が激化する中で、裾野を広げることがサービスの寿命を延ばし、中長期的には大きな収益に結びつくためにこのような戦略をとっているのである。

たとえば、日本でも人気の「荒野行動」というモバイルゲームは、中国企業が運営するサードパーソンシューティング（TSP）ゲームである。このゲームでは、多くのプレイヤーが同じマップで戦いあって、最終的に生き残った人（チーム）が勝者になる（このようなゲームをバトルロイヤル型ゲームという）。

荒野行動は高収益を上げているが、基本的に金額をかけたからといって強くなれるわけではない。無料ユーザでも十分有料ユーザと戦える仕様になっている。ではどこで稼いでいるかというと、操作キャラクターの見た目を変えることに課金されているのである。ゲームキャラクターのファッションに始まり、乗る車・バイクなどさまざまなものが有料で販売されている。

上位1%の熱心なユーザは、それを仲間や対戦相手に見せたり、ときにはユーチューブで配信したりしてゲームを楽しんでいるため、新しいアイテムが出ると購入にいたる。この設計であれば、無料ユーザを飽きさせない（支払い金額が低いからといってゲーム上不利になるわけではない）設計がなされている一方で、上位1%にも十分な支払いインセンティブが付与されているといえる。

ほかには、高額の有料ユーザだけを集めてリアルでイベントをする企業もあるようである。これもゲーム内では無料ユーザも有料ユーザも大きな強さの差をつけない中でできる差別化といえる。上位1％を厚遇しながら、無料ユーザに継続的に利用してもらう。その差別化の塩梅が多段階価格差別では重要といえる。

価格差別により急成長したモバイルゲームの事例

▽モバイルゲームと従来のゲームの違いは何か

以上のように、モバイルゲームはFSP－Dモデル、とりわけ多段階価格差別をうまく活用して急成長を遂げた産業である。そのためここから少し、FSP－Dモデルの成功事例としてモバイルゲームにフォーカスし、その成功要因と、ビジネスにおいて気をつけるべき点について確認して行こう。たかがゲーム、と思うかもしれないが、「モバイルゲームは儲かる」という言葉からわかるように、その背景には情報社会で生き残り、成長するための優れたビジネスモデルがあるのだ。

そもそもモバイルゲームとは、スマートフォン、タブレット端末などでプレイするゲーム全般のことを指す。現在ではゲームアプリのことを指すのが一般的だが、フィーチャーフォン（ガラケー）のころのブラウザゲームなども含まれる。日本ではソーシャルゲームという名称で広まった。[11]

モバイルゲームはFSP－Dモデルを採用しているものがほとんどであり、基本無料でプレイ可能、ネットワーク効果が働く（ソーシャル性重視）、デジタル財課金がある（多段階価格差別）、ユーザの反応を分析して適切なタイミングでコンテンツ提供をしている（データ）といった特徴を有する。購入できるアイテムは、ゲーム内体力回復剤やゲーム内キャラクター、衣装など多岐にわたる。また、従来のゲームに比べてインターネット接続を前提としたソーシャル要素が強く、交換・共闘・ランキング・会話などさまざまなことがゲーム内で楽しめるようになっている。

このようなモバイルゲーム市場は、２００８年にはたった5億円であった。それが10年後の２０１８年には、何と１・１７兆円にまで成長を遂げている。単純に考えて、10年で２０００倍以上の市場規模になったわけである。２０１８年の家庭用ゲームソフト市場規模が２６４２億円しかないことを考えると、すでにゲーム市場はモバイルゲームが中心となっていることがわかる。世界でも日本ほどではないもののモバイルゲームがゲーム市場の中心となりつつあり、市場規模は７０３億ドルといわれ、ゲーム市場全体の大半を占めている。

また、モバイルゲームはコンソールゲーム（従来型の家庭用ゲーム。プレイステーション〔PlayStation〕など）に比べて利益率が高いことが知られている。現在はコンソールゲーム企業もモバイルゲームに進出していて比較が難しいので、少し前の例を見ると、２０１５年の経常利益率では、コンソールゲーム企業の任天堂やソニー・インタラクティブエンタテインメントがそれぞれ５％程度だったのに対し、モバイルゲームが主体のコロプラ、ガンホーなどは40％以上であった。

このような高い利益率は、既存ゲーム企業だけでなく、製造業などほかの業種でも達成するのはかなりハードルが高いだろう。まさに、ＦＳＰ－Ｄモデルで高収益・高利益を達成した典型的産業なのだ。

さらに、競争構造にも大きな特徴がある。それは、最初にユーザを獲得したゲームが優位を長期間にわたり維持するということである。先述したように、ネットワーク効果の働く市場においては、ユーザ数が増えれば増えるほどユーザ１人当たりの効用が増加するため、一度ユーザ数の多くなったサービスから、ユーザはなかなか離れなくなる。このように顧客との関係が維持される効果を、ロックイン効果という。

つまり、モバイルゲームにおいては、１種類のゲームが長い期間にわたり人気を保つ傾向がある。実際、２０１３年１年間をとおして週間売上ランキングベスト30に新規にランクインしたゲームの本数を見ると、コンソールゲームでは３７１本だったのに対し、アイフォン上のゲームアプリは１１本と、１／３以下であった。仮に毎週ランキングがすべて入れ替わった場合は１５６０本登場するはずだ。新規ランクイン数が少ないほど、同じゲームが長期間にわたりランキングに残っていることを示している。

11　本来ソーシャルゲームとは、主にソーシャルメディア上で提供されるオンラインゲームのことを指す。ブラウザでプレイするものを指すのが一般的であり、モバイルゲームとは定義が異なる。たとえば、昔パソコンでやるのがメインだったフェイスブックで、アングリーバードやFarmVilleというゲームが流行ったが、あれらをソーシャルゲームという。厳密な定義ではゲームアプリのことはソーシャルゲームとはいわないため、本稿でも「モバイルゲーム」で統一する。

▽ゲームへのFSP-Dモデル導入で新市場が誕生

革新的な技術によって新しいサービスを新しいビジネスモデルで展開する際、それが既存ビジネスにどのような影響を与えるかは、ビジネスマンにとって高い関心事である。

自社の新しい製品・サービスが既存市場を食ってしまうことを、先述したように経営学ではカニバリゼーションという。このようなカニバリゼーション効果が高すぎると、せっかく新しい製品・サービスを展開したところで、自社の利益にはまったく結びつかないという事態になってしまう

しかし、筆者が２０１７年に発表した研究では、ＦＳＰ‐Ｄモデルによって急成長したモバイルゲームは、既存のビジネスを食うというよりも、まったく新しい市場を開拓したことが明らかになった。研究では、約5万人を対象として13か月間調査した、67万件に及ぶ個人のゲームプレイデータを利用し、[12] ゲームプレイ行動モデルを構築して回帰分析を行った。その結果、何と、モバイルゲームをプレイすることでコンソールゲームをプレイしなくなるという代替効果は、最大でも０・１（10％）程度しかなかったのである。

より詳細に見ると、モバイルゲームの代替効果は任天堂製のニンテンドー３ＤＳに対して最大０・１である一方で、同じ任天堂製のＷｉｉに対しては最大０・０５程度であった。また、ソニー製のＰＳＰに対しては最大０・０３である一方で、同じくソニー製のプレイステーション３（ＰＳ３）に対してはまったく代替効果が見られなかった。

ゲームに詳しくない人に簡単に特徴を述べると、３ＤＳとＰＳＰは携帯型ゲーム機と呼ばれる小

型のゲーム機であり、家だけでなく外でも気軽にプレイすることができるゲームである。一方、Wｉｉと PS3は据え置き型ゲーム機といわれる、家庭のテレビで遊ぶことを目的とした大き目のゲーム機である。また、任天堂製のゲームは、ソニー製のものと比べてカジュアルなものが多いという特徴を有する。

この結果からわかることは、カジュアルなゲームの多いモバイルゲームは、カジュアルなコンソールゲームや、携帯型ゲーム機に代替効果を持っているということである。それは、ユーザ層が被っていたり、利用シーンが被っていたりするためだろう。しかし、それでも代替効果は最大で0・1に留まっている。つまり、モバイルゲームをプレイした人が、これらのコンソールゲームをプレイしなくなる確率は、10％以下なのである。

新しいビジネスを展開する際には、それが既存ビジネスに与える影響を必ず考える必要がある。前述したようにモバイルゲーム市場はこの10年で急速に成長したが、それは既存ビジネスを食うというより、新規市場を開拓したということだ。このことは、既存サービスと新サービスが十分差別化されていれば、市場で共存し得ることを示している。

さらに、昨今では既存ゲームの知的財産を使用したモバイルゲームも流行しており、既存サービスと新サービスの連携を深めて行くことがむしろ市場に利益をもたらすという状況すら生まれてい

12　データは（株）ゲームエイジ総研のものを利用した。

る。

第1章で見たとおり、情報社会になってさまざまな産業において、新しいビジネスモデルで革新的なサービスが生まれつつある。それらは大なり小なりカニバリゼーション効果を含んでいるものの、それよりはるかに大きな新規市場開拓を行っていることが多い。既存ビジネスへの影響を懸念して新ビジネスに慎重になるのではなく、新しいビジネスへのシフトを積極的に行って行くことが重要なのである。

∇価格差別戦略の失敗例——価格のつり上げ

ここまで見てくると、需要曲線の内側をすべて収益にでき、新しい市場を開拓する多段階価格差別という戦略は、万能のようにも思えてくる。しかし実際には、さまざまな気をつけるべき点が存在する。その代表的なものが「価格のつり上げすぎ」である。

多段階価格差別においては、消費者の支払い意思額をできるだけ向上させ、支払わせることが短期的な収益向上につながる。そのため、ついつい消費者に支払い誘導をしてしまいがちである。しかしこれが、多段階価格差別——さらにいうとFSP-Dモデルにおいて、かなりの悪手になってしまう。

1つの事例を見てみよう。ある人気モバイルゲームでは、キャラクターやアイテムのユーザ間での交換を禁止するとともに、さまざまな手法でユーザに対して支払い誘導を行った。具体的には、まず、最強キャラクターの交換を禁止したのち、すべてのカードの交換禁止、交換不可のアイテムの導入などを行い、ユーザ同士が交換できないような措置をとった。

直感的には、ゲーム内での交換を禁止すれば、すべてのキャラクターやアイテムを自分で購入せざるを得なくなるため、ユーザの支払い金額は増加しそうである。しかしながら、実際にはFSP－Dモデルを採用しているモバイルゲームにおいては、ユーザは交流・交換といったソーシャルな要素を楽しんでいるため、交換禁止によりその魅力が低下してしまい、ユーザ離れを引き起こす結果となってしまった。ユーザ離れはネットワーク効果の減少を意味するので、上位1％のユーザの支払い金額の低下も引き起こす。

さらに、支払い誘導はこれに留まらなかった。

・キャラクターがランダムに手に入る「ガチャ」（有料で引くことができるクジ）の提供回数を2・5倍にする（ひと月当たり2回から5回へ[13]）

・パラメータの水準が一挙に5倍以上になりこれまでのキャラクターがほとんど無価値化（今までより5倍以上強い新キャラクター群が登場した）

13　ユーザは新しいガチャが提供されるたびに、新しいキャラクター目当てで支払いをする。その提供回数が2・5倍になるということは、欲しいキャラクターをすべて手に入れるためには、それだけ多くの金額を払わなければいけなくなるということである。

・無料ユーザでも最強キャラクターが得られる「召喚」の禁止

このように、例を挙げていったらきりがないほどである。これらがどういう意味を持つかというと、さまざまな新しいコンテンツを大量に提供する、かつ、これまで入手したコンテンツを無価値化することで、サービスに対する支払い意思額を強制的に高めて行ったのである。

しかしこれらの施策によってもたらされたのは、収益の増加どころか、深刻なユーザ離れであり、ユーザから2万字に及ぶ要望書が届くという何とも悲しい結果をだった。

「とても月3万円の中でゲームを続けて行く事ができず……。この状態を続ければ間違いなく課金者が引退して減って行きゲーム自体がなくなる事になるでしょう」

「ユーザ離れが起きている一番の原因はトレード制限のため……」

——これらは実際に要望書に書かれた内容である。結局、消費者が使用できる金額には限界があるため、高水準の支払い誘導をされても多くの人は応じきれなくなってしまう。さらに、一部の支払い誘導に応じるユーザとの格差が大きくなり、ゲームそのものがつまらなくなって、やがて離脱してしまうのである。

∇多段階価格差別では中長期目線が重要

以上の事例から学べるのは、短期に売上を伸ばそうとしてあまりに消費者に支払いを強いると、中長期的にはむしろ業績の悪化につながるということである。無論、既存のビジネスにおいても、顧客との中長期の関係を築くことは重要であるし、そのためにブランド戦略などさまざまな戦略がとられている。

ただ、一物一価の場合は、極端な値上げは短期的な収益増加にもつながらなかった。たとえば、ある製品について、短期的に収益を上げたいからといっていきなり2倍の価格にしたら、顧客は波が引くように離れて行くだろう。

しかし、多段階価格差別においては、一部の熱心なユーザはそれでも支払い誘導に応じるため、短期的には収益があがることが多い。そのため、企業はつい短期的な目線で支払い誘導を行ってしまいがちである。ところが、人間というのは面白いもので、あまりにも毎月多く支払っていると、たとえそのサービスに熱中していたとしても、あるときスッとやめてしまうのである。これを課金疲れ（支払い疲れ）という。

この現象は、筆者が行った実証研究でも明らかになっている。研究では、ゲームエイジ総研の保有するモバイルゲームのデータの中で、対象期間を2012年9月〜2015年4月、対象ゲーム数を182として時系列パネルデータ分析を行った[14]。

本モデルを計量経済学的に分析した結果、何とARPPU（月次の、有料ユーザ1人当たりの平

14　分析モデルの構築に当たっては、データとしてARPPU、有料ユーザ数、無料ユーザ数、平均年齢、男性比率などを利用し、今期のユーザの支払い金額（ARPPU）が次期にも影響を与えるという、中長期の収益を考慮できるモデルを構築した。

均支払い金額のこと」が約1万1500円に達すると課金疲れが起こりはじめ、長期的な売上が減少して行く現象が見られた。つまり、ユーザ離れが起こり、1人当たりの支払い金額が短期的に増加しても、中長期的には売上は減少するのである。

ゲームをやっていない人にとって、月額1万円というと少し高いように思うかもしれないが、ゲームユーザにとってはそれほど高額すぎるという金額ではない。しかし、1万円を超えて支払い続けると、やがて確かに課金疲れを起こしてしまうのである。この金額をゲーム企業に伝えたところ、どの企業も口をそろえて「違和感ない金額(=経験上何となく課金疲れが起こりそうと思っていた金額)」と答えていたので、業界から見ても不自然な結果ではないだろう。

これはモバイルゲームの事例ではあるが、多段階価格差別を採用しているあらゆる製品・サービスについていえる可能性がある。あなたが消費者になったときのことを想像してみて欲しい。ある製品・サービスをだいたい月1000円〜3000円支払って楽しんでいたときに、急にさまざまなコンテンツが提供されて月1万円にまで支払い金額が達したとする。それは確かに1万円分の価値があり、納得して支払っている。しかし、それが短期間なら良いが、長期間にわたってしまうと、やがてその製品・サービスの利用に疲れ、別のものに移ってしまいそうではないだろうか。

FSP-Dモデルでは、従来の製品・サービス以上に価格戦略が重要であり、そしてそれは短期より中長期的目線に立って策定する必要があるのだ。

多段階価格差別は特殊なビジネスモデルではない

▽アイドルグループＡＫＢの握手券つきＣＤ

さて、多段階価格差別の代表事例としてここまでモバイルゲームを取り上げてきたが、何も成功事例はモバイルゲームだけではない。実はさまざまな製品・サービスですでに採用されている。そこで、多段階価格差別を活かして成功を収めた事例をいくつか見てみよう。

近年、握手券[15]のついたＣＤが多く売られるようになってきている。代表的なのがアイドルグループＡＫＢのものであるが、あれらの売上が日本のＣＤ市場規模を支えているといっても過言ではない。実際、日本のＣＤの売上減少率は、米国に比べてはるかに緩やかである。

握手券つきＣＤは、通常のＣＤより高額になっている物もあり、そういった意味でももちろん価格差別である。つまり、握手をしたい熱心なファンには高額で販売し、そうでないファンには低額で販売している。しかし実は、この握手券つきＣＤは典型的な多段階価格差別の事例でもあったのである。

15　ＣＤを発売しているミュージシャンと、握手会において握手できる権利をもたらす券のこと。１枚につき１回握手といったものが多く、一般的にＣＤを１枚買うごとに１枚ついている。

本来、CDというものは1枚あれば目当ての楽曲を聴けるので、2枚以上購入する必要はない。そのため、一般的な消費者は、CDを1枚のみ購入することとなる。しかしながら、熱心な消費者にとっては、ミュージシャンとの握手によって得られる効用が非常に大きく、CDよりむしろその握手ができるという特典が消費行動に大きな影響を与えることになる。

今、1人の熱心な消費者について、経済学的に考えてみよう。握手によって得られる効用（満足感）を考えたとき、0回⇒1回に増加するのと、100回⇒101回に増加するのでは、得られる効用は前者が大きいと考えられるため、限界効用（消費量を1単位増加させたときの追加的効用）は個人の購買数が増えるにしたがって逓減すると仮定する。得られる効用が価格以上であれば購入にいたると考えられるため、CDの価格を仮に1000円としたとき、限界効用がこの1000円を下回るまでこの人はCDを買い続ける。それが100枚の人もいれば、1枚の人もいるだろう。

ここで重要なのは、両者に対して同じコンテンツ（CD）を提供しているという点である。もちろん、CDを100枚買った人と、1枚しか買っていない人では、受けられるサービスは厳密には異なる。しかし、楽曲CDのようなコンテンツでは、固定費用（初期費用。この場合は制作費用）は高い一方で、それをコピーする費用（限界費用）はほとんどかからない。そのため、コンテンツ単位でこれを見たとき、ほとんど追加的費用なしに、そして同じコンテンツを使って、熱心なファンには高い付加価値で高い価格設定を、普通のファンには普通の価値で普通の価格設定をしているといえる。

これを聞くと、モバイルゲームの構図に非常に似ていることに気づくだろう。そして、昨今の日本のCDランキングにおいては、AKBグループがかなりの頻度でランクインしているのをご存じの方も多いと思う。その売上の原動力になっているのが、実は多段階価格差別戦略だったのである。

▽メッセージアプリLINEのスタンプ

人気メッセージアプリLINEも、多段階価格差別を採用している。LINEはユーザ同士のインターネット通話やチャットを可能にするツールであり、現在ではLINEをプラットフォームとし、ゲームや決済サービスなどさまざまなものが展開されている。基本無料で利用でき、スマートフォン、タブレット端末、パソコンなど対応機種も豊富にある。

無論、LINEはゲームも展開しているので、そこで多段階価格差別を使っている。しかしそれだけでなく、実はメインの機能であるコミュニケーションサービスにおいても多段階価格差別戦略をとっており、その結果として無料のコミュニケーションそのものも収益の大きな部分を占めるようになっている。

その秘密は、たびたび話題に出しているスタンプにある。LINEスタンプとは、LINEのチャット上で利用できるイラストのことである。スタンプは膨大な種類が存在し、ユーザはただテキストで会話するだけでなく、さまざまなイラストでそのときの感情を伝えたり、自分の好きな表現をしたりすることができる。スタンプは、たとえばディズニーなどの第三者企業の提供しているものもあれば、クリエイターズスタンプという枠もある。クリエイターズスタンプでは、ＬＩＮＥの審査さえ通過できれば、誰でも自由にスタンプを提供することができる。

クリエイターズスタンプも含め、スタンプは無料のものも少なくない数が存在するものの、全体で見るとほとんどのものが１００円、２００円程度の有料である。そのため、「コミュニケーションさえできればよい」という一般的なユーザはスタンプを使わないか、あるいは無料のスタンプだけを利用する。

しかしながら、コミュニケーションが好きでＬＩＮＥに熱心なユーザほど、さまざまな有料スタンプを購入してコミュニケーションのバリエーションを豊かにする。その結果、熱心なユーザは満足の行くまでスタンプに支払うという、多段階価格差別になっているのである。

さらに、ＬＩＮＥには直接的ネットワーク効果が働き、ユーザ数が増えれば増えるほど、ユーザ１人当たりの効用は増加する。そして、メッセージは通信の秘密ということで解析対象としていないが、ＬＩＮＥショッピングや広告に対する反応など、さまざまなユーザのデータを分析してサービスにつなげている。つまり、フリー、ソーシャル、多段階価格差別、データ利活用の４つの要素をすべて兼ね備えている。実は、ＦＳＰ－Ｄモデルによって高収益を上げるにいたったサービスだったのである。

∇フリマアプリ・メルカリの販売手数料

もう1つ、実は昨今人気のフリマアプリも、多段階価格差別、そしてFSP－Dモデルによって急成長を遂げたものである。フリマアプリとは、ユーザ（消費者）間で物の取引を行うことができるサービスで、フリーマーケットのような仕組みであることからフリマアプリと呼ばれている。

このようなフリマアプリの中でもトップシェアを誇っているメルカリでは、欲しいものを買いたいという場合にはとくに手数料は発生せず、無料（支払うのは商品代金のみ）で利用することができる。この点について、基本無料のフリーなビジネスモデルといえる。また、出品されている物が多ければ多いほどユーザ1人当たりの効用が増加するため、間接的ネットワーク効果が働いているといえる。そして、データ活用も行っている。ユーザのデータを分析し、個人に合ったレコメンドをすることで、より良いユーザ体験を提供している。

このメルカリの主な収益源は、販売手数料といわれる、ユーザ間で取引が成立された際に、成立金額の一部をメルカリに支払う仕組みである（出品した側が負担する）。そしてこれが実は、多段階価格差別的なビジネスモデルにほかならない。なぜならば、出品にそれほど興味のない人はメルカリにお金を払うことなく利用し続け、ライトなユーザは少数の出品を行って少額の手数料をメルカリに支払い、熱心なユーザは大量に出品して多額の手数料をメルカリに支払うためである。

ユーザが満足するまで出品し、その結果として手数料を支払い続けるという点は、ほかの2事例（握手券つきCDとLINE）と同様のビジネスモデルといえる。そして、メルカリはプラットフォーム（取引の場）を提供しているだけなので、熱心なユーザが大量に出品しようと、メルカリ自身のコストはほとんど増えず、限りなく限界費用（ユーザが1個出品するのにかかるメルカリのコスト）はゼロに近い。

ただし、メルカリの事例が特殊なのは、その制約条件が異なる点にある。これまでの事例では、多段階価格差別の制約条件は消費者の予算であった。予算が無限にあれば、握手券つきCDも、スタンプも、熱心なファンならば無限に購入するかもしれない。しかし、予算制約による限界があるため、支払い金額とのバランスを考えて満足の行くまで購入すればそれで終わりになっていた。

一方で、メルカリのビジネスモデルでは、取引された金額に対する割合で手数料が決まっているので、手数料より多くの収入をユーザが得られることは確定しており、予算による制約はない。その代わり、出品できる物品には限りがあり、その制限の中で、満足の行くまで出品を行う（出品手数料を支払う）多段階価格差別的なビジネスモデルとなっているのである。

このように、一見するとまったく異なるビジネスモデルを採用しているように見える握手券つきCD、LINE（メッセージアプリ）、メルカリ（フリマアプリ）も、多段階価格差別という観点から整理すると共通点があることがわかる。そして、中でもメルカリは、消費者の予算に制限を受けない戦略をとった結果、日本初のユニコーン企業にまで成長を遂げたのである。

第5章　ネットワーク効果をビジネスに活かす

ソーシャルの基本「ネットワーク効果」

▽品質を上げなくても利用者が増えれば価値が上がる

第2章で見たとおり、ＦＳＰ－ＤのＳ＝ソーシャルには実に多くの意味が含まれる。ネットワーク効果、バイラルマーケティング、ソーシャルリスニング……人と人、そして企業とのつながりがより幅広くなった情報社会においては、ソーシャル要素をビジネスモデルに組み込むことが成功において不可欠になりつつある。本章ではこれらのうち、ネットワーク効果の活用方法を見て行く。

前述したように、ネットワーク効果は大きく2つに分類できる。1つめは、ある財（商品やサービスなど）のユーザが増えることにより、ユーザ1人当たりの効用が直接増加する直接的ネットワーク効果。もう1つは、ある財のユーザが増えることにより、その財の補完財が充実し、結果的にユーザの効用が増加する間接的ネットワーク効果である。

この効果の特徴としては、ネットワーク効果により、消費者の効用の増加が「製品の品質の向上などとは関係なく起こる」ことが挙げられる。たとえば、現在フェイスブックは世界に20億人以上のユーザを抱える大人気サービスである。それを見て筆者がまったく同じサービスを開発してリリースしても、誰も利用してくれないだろう。あるいは、世界で1億台以上売れているプレイステーション4とまったく同じ開発コスト・生産コストをかけて、新たなゲームハードを販売したとしても、まったく売れないだろう。サービス内容やハードの性能が同じでも、ネットワーク効果の働かないものは、著しく効用が低いからである。

ポイントは、「まったく同じ財でもユーザ数によって消費者にとっての価値が大きく異なる」ということである。いうなれば、コストをかけて品質を向上させずとも、ユーザ数が多いというだけで、消費者にとっての魅力はどんどん上がって行くのである。

このように、品質の外部で消費者の効用・需要が変化することから、「ネットワーク外部性」ともいわれる。そして、どのようなビジネスでも、高利益化の鍵は、コストをかけずに消費者の需要を拡大することだ。したがって、品質を改善しなくても消費者の効用が増加するというネットワーク効果は、高利益化の非常に強力な手段となる。

加えて、参入障壁が高くなることも重要な要素である。ネットワーク効果が働くためには、数多くの利用者を獲得している必要がある。したがって、市場でシェアを先んじて獲得してしまえばネットワーク効果により価値が増大、一方、ネットワーク効果の恩恵を受けていない新規参入事業者は圧倒的に不利になる。市場は寡占・独占状態になりやすいため、高利益を狙うことができるようになる。

▼ビデオ規格で起きたネットワーク効果をめぐる争い

このような理由から、今日では有名なサービスのほとんどがこのネットワーク効果を活用しているといっても過言ではない。ユーザ間の交流を前提としたフェイスブック、ツイッター、LINEといったソーシャルメディアは、すべて直接的ネットワーク効果を活かしてあれほど巨大化した。また、各サービスがプラットフォームともなっており、補完的なアプリなどが豊富に存在することから、間接的ネットワーク効果も働いている。

とはいえ、ネットワーク効果自体は以前からビジネスに活かされてきており、何も近年のサービスにおいて突然新しく登場したものではない。かつても、ネットワーク効果をめぐって激しい市場競争が起こったことがある。

それは、1970年代~1980年代にかけて繰り広げられたVHS（日本ビクター）vsベータマックス（ソニー）のビデオの規格競争である。この競争においては、日本ビクターはVHSの技術情報を公開し、VHS規格を採用するメーカーを積極的に増やして多数のファミリー形成を行った。

また、ＯＥＭ供給（他社ブランドの製品を製造して行う供給）を積極的に実施して参入企業を増やし、販売チャネルの拡大を図ることで、消費者に届きやすくした。

このようにしてＶＨＳが消費者に受け入れられやすくなった様子を見て、映像ソフトメーカーはＶＨＳ規格の商品のみを販売するようになり、レンタルビデオ店でもＶＨＳ規格の商品が増加した。これにより間接的ネットワーク効果が働くようになり、消費者がＶＨＳを所有する際の効用が高まった。その結果、先発で家庭用ＶＴＲを発売し、「ビデオ元年」を宣言していたソニーのベータマックスは敗北し、ＶＨＳが勝利したのである。

ネットワーク効果3つの魅力的な特徴

∇「先行者優位」「ロックイン効果」「一人勝ち」

ネットワーク効果には、次の３つの特徴があることに注意する必要がある。

第一に、先行者優位となる。製品・サービスの質に関係なく、利用している人が多ければ多いほど利用者１人当たりの効用が増加するため、先に市場に参入した方が有利となる。

たとえば、今ツイッターを利用している人は、ツイッター利用者が多いから楽しめている。まったく同じサービスが他社からリリースされたとしても、わざわざそちらに移動しないだろう。安易な後追いは良い結果をもたらさないといえる。

第二に、ロックイン効果が働く。ロックイン効果とは、消費者がある財を購入した際、それ以降、他社の財への乗り換えが困難となり、いつまでもその財のユーザであり続ける現象のことだ。ひとたびネットワーク効果のある製品・サービスを利用すると、そこで構築した人間関係や利用できる補完財をほかに移行できないことから、スイッチングコストが高まる。

たとえば、スマートフォンのiOSで使える有料のアプリの多くは、アンドロイドでは使えないし、アンドロイドの有料アプリの多くもiOSでは使えない。このため、ユーザはスマートフォンのOSの乗り換えを避けようとするのである。

第三に、一人勝ちとなりやすいという特徴がある。利用している人数や補完財の豊富さ・多様さが、製品・サービスの魅力に大きな影響を与えるため、より強くネットワーク効果が働く製品・サービスの方に消費者は集中しやすい。このため、結果的に普及率が1位のもの以外は駆逐される。たとえば、VHSとベータがビデオ規格で競争した際は、最終的にVHSが圧勝してベータは市場から姿を消した。このような規格競争も、ネットワーク効果の働く市場での競争である。

∇現実には「3つの特徴」が成り立たない場合もある

ただしこれらはあくまで教科書的な理論であり、現実には必ずしもこうなるとは限らない。たとえば、先行者優位はつねに成り立つわけではない。フェイスブックは決して先行者ではなく、その前にマイスペース（MySpace）という人気サービスが存在して多くの会員数を獲得していた。日本にフェイスブックが本格参入してきたときも、先にミクシィ（mixi）が広く普及していた。しかし現在、これら2つは利用者数において、フェイスブックに非常に大きな差をつけられている。この現象は、必ずしも先行者が勝てるとは限らないことを示している。

また、一人勝ちも必ず起きるとはいえない。ＳＮＳというくくりで見ると、フェイスブック、ツイッター、インスタグラムなどさまざまなサービスが市場で生き残っているし、ゲーム機やスマートフォンのＯＳも同様である。

∇古参ユーザのネットワーク効果への貢献は縮小する

なぜ、ネットワーク効果が効く製品・サービスにおいて、セオリーどおりにならないものがあるのだろうか。その理由としてはまず、ネットワーク効果は時とともに逓減するということが挙げられる。

先の議論では、ネットワーク効果の大きさは累積の利用者数が大きいほど高まると考えた。しかし、実際には、古参ユーザほど新規ユーザよりも活動が鈍くなるので、その製品・サービスの盛り上げへの寄与が小さくなる。このことにより、ネットワーク効果が逓減するのだ。

筆者が２０１６年にゲーム産業の約５年に及ぶデータを対象に実証分析を行ったところ、最近参入したユーザ（最近ゲームハードを購入した消費者）とだいぶ前に参入したユーザ（だいぶ前にゲームハードを購入した消費者）では、ユーザ（ゲームハード所有者）の効用に与える影響が大きく異なっていることがわかった。最近参入したユーザが効用に与える影響の方がずっと大きく、参入から時間がたつにつれて影響は小さくなって行ったのである。

経済学では、時間経過につれて減少して行くものについて、単位時間あたりの減少率を「割引率」と呼ぶ。この調査においても参入からの時間経過と効用への影響の減少に関して割引率を算出したところ、その値は大きく、ここから概算すると、1年前に参入したユーザは、現在の利用者の効用にほとんど影響を与えていなかった。これは、ユーザが利用しているうちにその製品・サービスに飽きて、アクティブでなくなるためと考えられる。

少しわかりにくいが、要するにゲームハード所有者にとっては、最近購入したほかの消費者は価値が大きく、だいぶ前に購入したほかの消費者は価値が小さい（ほとんどない）ということだ。

現実のシチュエーションとして考えると、たとえば2020年5月にゲームハードであるニンテンドースイッチを買ったとする。多くのゲームはオンラインで交流や大戦ができるため、直接的ネットワーク効果が働いている。

しかし、そのネットワーク効果は、単純にニンテンドースイッチ所有者の累計によって決定づけられるものではない。なぜならば、2年前の2018年にニンテンドースイッチを購入した人の多くは、すでに飽きてしまってあまりプレイしなくなっているためである。

その一方で、1か月前の2020年4月に購入した人はまだまだニンテンドースイッチが楽しい時期であり、アクティブだ。このような理由から、ずっと昔にサービスに参入したユーザのネットワーク効果は弱まり、最近参入したユーザのネットワーク効果は強いのである。

つまり、古参ユーザほど活動が鈍り、製品・サービスの盛り上げへの寄与が小さくなるわけだが、先ほど述べた割引率はその活動鈍化の効果の大きさを表している。1ソフトのプロダクトサイクルが限られているゲーム機と、ずっと同じサービスを利用しているSNSなどでは、この割引率は異なるだろう。しかし、割引率は大小の違いはあれ、確かに存在しているので、一度購入・利用させれば先行者優位で勝ち続けられるわけではない。

このため、アクティブなユーザが継続して多くなるように（つまり割引率を小さくし、新規ユーザ流入を維持するように）、製品・サービスをアップデートして行く必要があるのだ。

▽差別化されれば一人勝ちにはならない

必ずしもセオリーどおりにならず、一人勝ちが実際には起こらない場合もあるのは、十分に差別化されている場合は、市場で2つ以上の製品・サービスが両立することが可能なためである。フェイスブックもインスタグラムもツイッターも、それぞれ似たような機能は多く持っているものの、消費者は異なる目的で利用しており、すべてのサービスを同時並行で使っている人も少なくない。だから市場で共存しあい、SNS市場は一人勝ちにいたっていないのである。

そのため、後発で市場に参入する際には、消費者にとって魅力的な差別化ポイントはどこか、ターゲットとなる利用者層はほかのサービスと差別化されているかなどを、明確にしておくことが重要である。

図５－１は、ネットワーク効果の働いているコミュニケーションサービスについて、その栄枯盛衰を、グーグル・トレンドを使って描いたものである（地域は日本に限定している）。グーグル・トレンドとは、検索エンジンのグーグルで当該単語がある時期にどのくらいの頻度で検索されたかを基に「トレンド」という指標にしたもので、時系列のグラフで表示される。期間中で最も検索の頻度が高かった時期の値を１００として表示される（複数の単語を同時に調べる場合は、最も話題になった単語の最大値を１００とする）。

特定の検索エンジンでのサービス名の検索回数の推移なので、各コミュニケーションサービスのユーザ数を表すものではないが、社会でどの程度話題になっているかという概要を把握するには適している。

図を見ると、２００４年のサービス開始以降ミクシィが急成長するが、２００８年にはフェイスブックとツイッターの日本語版が公開されて日本でも広く普及して行くようになると、２０１１年ごろには完全にコミュニケーションサービス主役の座を明け渡してしまったことがわかる。しかしながら、一時は話題の中心となったフェイスブックも、「若者のフェイスブック離れ」といった単語からも象徴されるように徐々に話題の中心から遠ざかって行き[16]、新しいサービスであるＬＩＮＥと、根強い人気を誇るツイッターの方が検索されるようになっている。

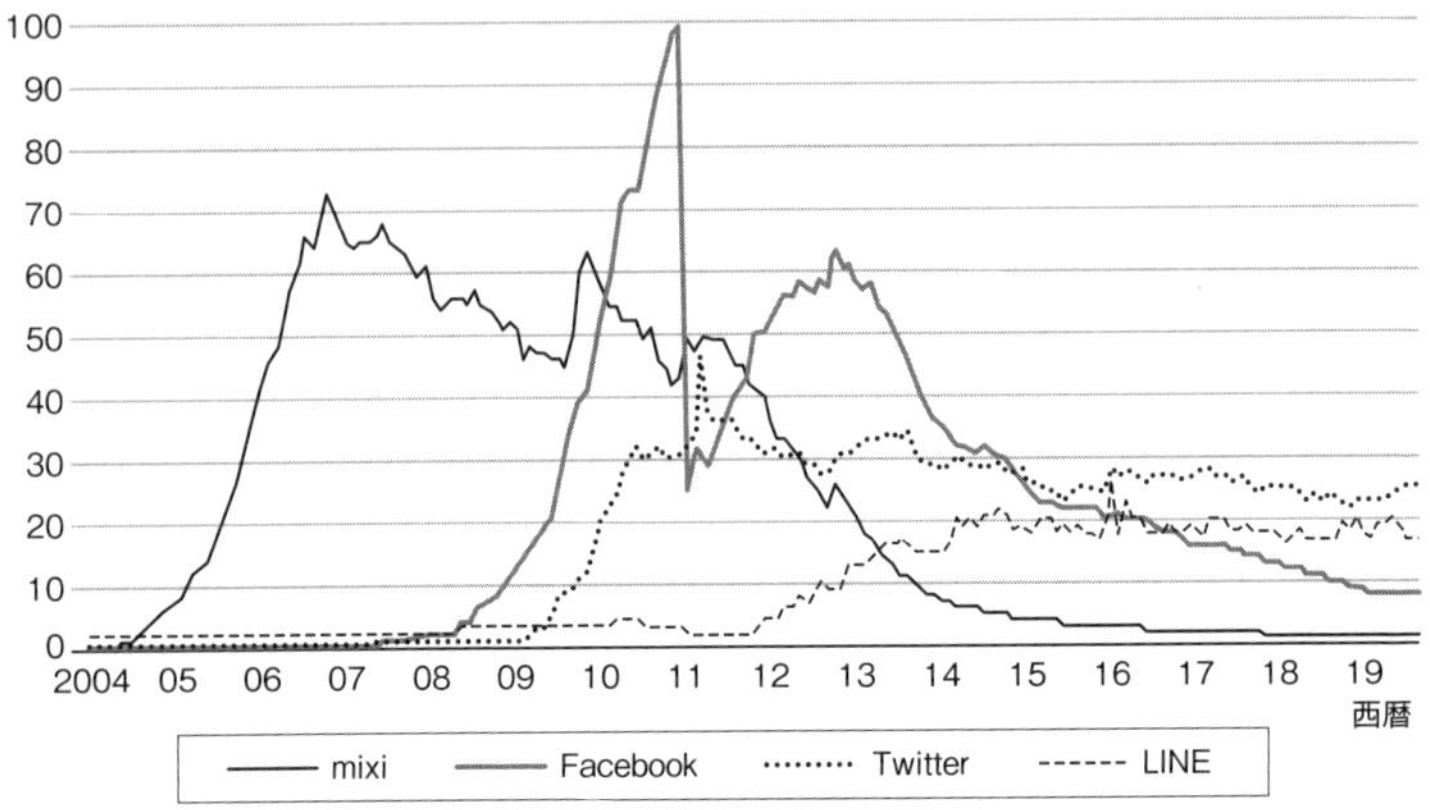

図5-1　ミクシィ、ツイッター、フェイスブック、ＬＩＮＥのグーグル・トレンド推移（出典：グーグル・トレンドより筆者作成）

ネットワーク効果が働く市場では、ロックイン効果によって一人勝ち状態が長期に続くといわれるものの、ここに見られるように、現実にはサービスの主役の座を長く維持するのは簡単ではない。そのうえ、消費者は複数のサービスをニーズに合わせて使い分けていて、一人勝ちとはいいがたい状態である。ひとたび勝者となったとしても、サービスをつねに改良し続ける必要があることが示唆されている。

ネットワーク効果をビジネスモデルに組み込むには

▽消費者間のインタラクティブ性を取り入れる

製品・サービスの品質に関係なく、ユーザ数を増やすことで価値を高めることができるネットワーク効果は、高利益化に欠かせないといえる。では、実際にどのようにビジネスモデルに取り入れれば良いのであろうか。そのポイントは、2つにまとめられる。

第一に、消費者間のインタラクティブ性をサービス設計の中に取り入れる。フェイスブック、ツイッター、LINEなどのソーシャルメディアでは、連絡を取り合ったりコメントをつけあったりと交流を前提としている。これらサービスのユーザ数が増えるほど、ユーザは交流できる相手が増えるので、利便性が向上する。このような形で、直接的ネットワーク効果が働くのである。

ユーチューブやメルカリなどにも同じような交流要素が存在している。実は、現在大量のユーザを抱えて成功しているサービスのほとんどで、何らかの消費者間のインタラクティブ性が担保され、直接的ネットワーク効果が働く設計が採用されている。ネットが普及したことにより、技術的に交

16　フェイスブックが2010年末に急減しているが、これはグーグル内で一時的にデータの取得方法や計算の仕方が変わったと推察される。詳細は不明。

流要素を入れやすくなったことが大きい。

ただし、消費者間のインタラクティブ性とは、フェイスブックなどのような直接的なコミュニケーションだけではない。たとえばVHSとベータマックスの競争においては、消費者同士で録画したビデオを貸し借りすることによるネットワーク効果も働いていた。相手がVHSなのに自分がベータマックスでは貸し借りできない。このため、友人など周りの人々が利用しているのと同じ規格のビデオに移行するインセンティブが働くからだ。

つまり、1人の消費者の行動がほかの消費者に影響を与えるような設計にしておくと、直接的ネットワーク効果を取り入れることができる。

▽プラットフォーム化する

第二に、プラットフォーム化をする。プラットフォームとは、何かを機能させたり流通させたり、何らかのサービスを提供したりするための基盤となる、機器／ソフトウェア／サービスなどのことである。現在GAFA（グーグル、アップル、フェイスブック、アマゾン）と呼ばれている米国を代表するIT企業群は、いずれもプラットフォームサービスを提供して巨大化した。

たとえばアマゾンであれば、アマゾンをプラットフォームとして補完財である商品と、ユーザである消費者をつなげることでサービスを成立させている。商品を提供する企業からすると、ユーザが増えれば増えるほど期待利潤が高まるので、参入しようとする企業が増えて行く。ユーザからすると、参入企業が増えて商品数が充実すると効用が増加するので、利用するユーザが増えて行く。このようにユーザと参入企業との間に、間接的ネットワーク効果が働き、互いが互いに価値をもたらしているのだ。

以上見たようにプラットフォームには必ず間接的ネットワーク効果が働くので、先行するプラットフォームが多くのユーザや参入企業を獲得してしまうと、新規参入がしづらくなる。このため、巨大化や一人勝ちが進みやすい。そして、現代はプラットフォームの21世紀といっても過言ではないほど、分野を問わず我々の生活にはプラットフォームが入り込んでいる。

もしかしたら、プラットフォームの重要性を認識していても、多くの方は、ネットサービス特有のビジネスモデルで自分たちの事業には関係ないと思うかもしれない。しかし、実際には先ほど例に挙げたビデオ規格もプラットフォームとなっている。VHSを再生する機器がプラットフォームとなり、それを購入している消費者がユーザ、VHSソフトが補完財となっているのだ。ゲームハード、CDプレイヤーなど、我々の非常に身近にあり、インターネット普及前から生産されていたさまざまなものも、実はプラットフォーム製品である。

そして、近年では、インターネットだけでなく、物理的実体を持った製品とIT技術を結びつけたプラットフォームが登場している。製造業でも、生産機械や最終製品についているセンサーによって収集したリアルデータ（気温、湿度、加速度、位置情報、明るさ、画像など、現実世界を計測したデータ）を分析するIoTプラットフォームの導入が海外を中心に進んでいる。

家もプラットフォーム化が進んでいる。グーグルホーム（グーグルアシスタント）やアマゾン・エコーなどによって照明・鍵・掃除機・テレビなどあらゆるものがコントロールできるようになってきた。実際、世界最大級の電子機器の見本市ＣＥＳ（Consumer Electronics Show）では、近年グーグルやアマゾンが非常に大きなスペースで展示を行っており、さまざまな家電を発表している。家電という製造業領域でも、プラットフォーム戦略で大きな存在感をすでに示しているのである。

「自社ではプラットフォーム・ビジネスはできない」と諦めるのではなく、「自社で何がプラットフォーム展開可能か」「新しくどの領域でプラットフォーム戦略をとる余地があるか」を検討すべきなのだ。

そして、このようなプラットフォームが高い利益を生み出すのは、ネットワーク効果によって高いシェアをとるからだけではない。１つの製品を作るのに大きな限界費用がかかる通常の財（自動車、家電など）によるビジネスモデルと異なり、中間マージンビジネスが主となるため、一度普及が進んでしまえば、少ないコストで多くの収益を得ることができるビジネスモデルだからである。

それに加え、利用の実態を示す膨大な量のデータが取得できるため、消費者の行動分析によってサービス改善をしてさらに多くのユーザの獲得に動くこともできる。そして、グーグルのように、そこで得られた知見を基にほかの市場に参入するような動きも活発になっている。

ネットワーク効果の働くサービスで成功する方法

▽ユーザ獲得の鍵となる概念「クリティカル・マス」

一方で、このようにネットワーク効果をビジネスに取り入れたからといって必ず成功するというわけではないのもまた事実である。そのようなサービスや製品を設計し、実現するだけでは不十分なのだ。成功する要素はどこにあるのか。

それを語る前にまず、「クリティカル・マス」の概念を知る必要がある。クリティカル・マスとは、製品やサービスが爆発的に普及するために到達するべき、分岐点となる普及率のことである。普及率がクリティカル・マスを超えると、多くの人がその製品やサービスに魅力を感じるようになる（購入したいと思うようになる）ため、加速度的に普及が進むのである。このクリティカル・マスについて、スタンフォード大学教授のエヴェリット・ロジャース氏のイノベーター理論とS字の普及曲線を用いてみようと思う（図5-2）。

ロジャース氏は新しい製品に対する態度により、消費者を次の5つに分類した。

・イノベーター（革新者）：最初期に製品を購入する、目新しいものを積極的に導入する好奇心

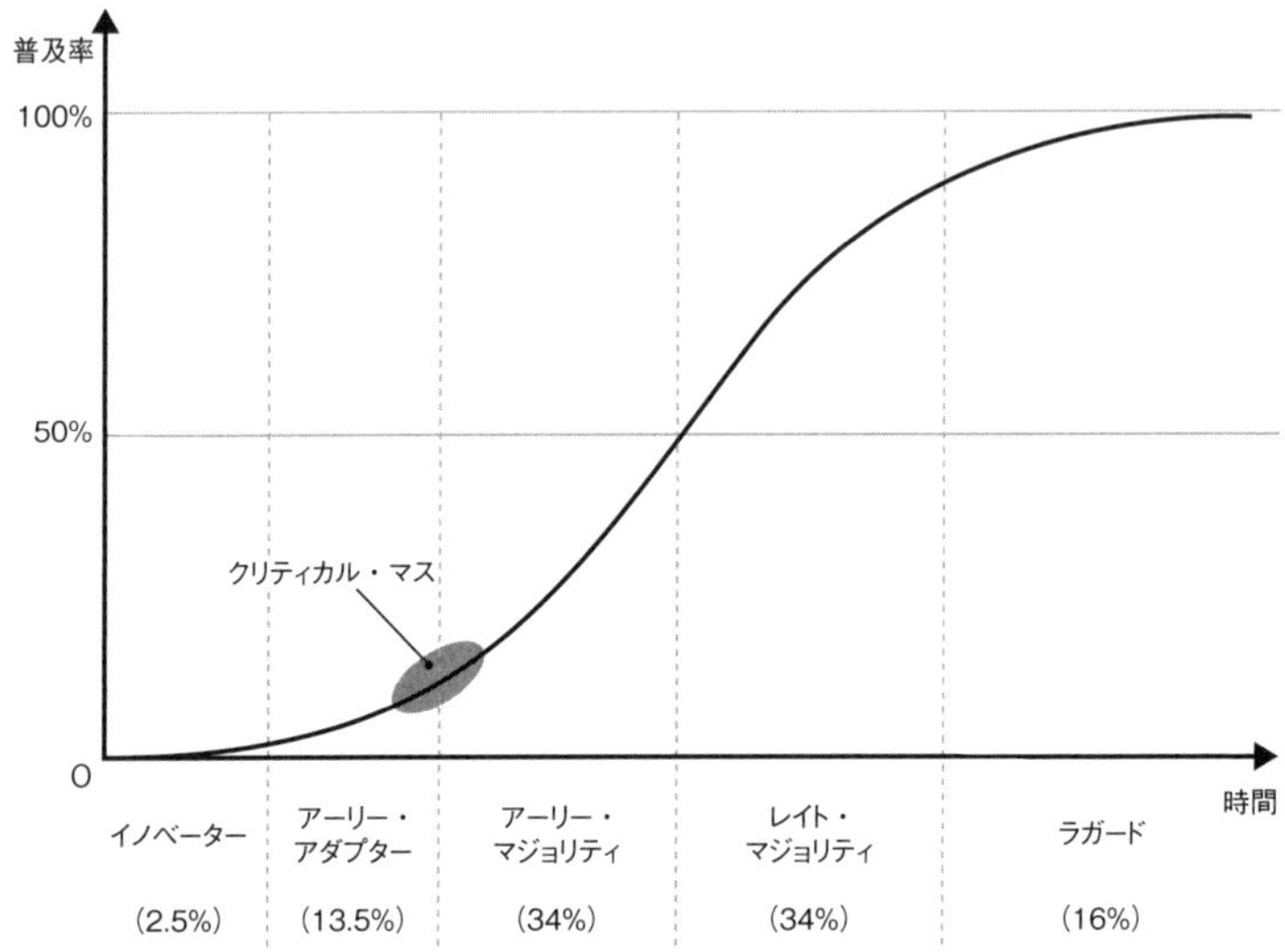

図5-2　S字曲線（イノベーター理論）（出典：ロジャース氏の発表より筆者作成）

を持った層。

・アーリー・アダプター（初期採用者）：流行に敏感で、製品が生み出す新しい価値に着目してこれから普及しそうなもの・良いと思ったものを購入する層。ただ目新しさに着目するイノベーターと異なり、製品の価値や流行に敏感なため、ほかの消費者への影響力が大きく、オピニオンリーダーともいう。

・アーリー・マジョリティ（前期追随者）：すでに話題になっている製品を購入する層。新しい製品の購入にある程度慎重ではあるが、主流になりつつある製品に乗り遅れないように早めに購入する。

・レイト・マジョリティ（後期追随者）：新しい製品に懐疑的で慎重な層。多くの人が採用していることを確認し、安心してから購入する。

・**ラガード（遅滞者）**：最も保守的で、新しい製品の導入が遅い層。多くの人がそれを採用していることだけでなく、それを採用することが当たり前にならないと購入にいたらない。

さらに、これら5つの層が、市場全体においてそれぞれ、2・5％（イノベーター）、13・5％（アーリー・アダプター）、34％（アーリー・マジョリティ）、34％（レイト・マジョリティ）、16％（ラガード）存在するとした。また、オピニオンリーダーでもあるアーリー・アダプターへの普及が製品全体の普及にとって最重要であると指摘した。

ネットワーク効果が働く市場においても、この大枠は変わらない。むしろ、通常の製品と異なり、普及率が上がれば上がるほど消費者にとっての魅力も向上して行くため、初期に普及率が上昇することの効果は、より大きい。

ネットワーク効果が働く場合の大きな特徴は、アーリー・アダプターまでの普及（S字曲線で傾きが急になる前の地点・発展期）が、アーリー・マジョリティ以降の消費者の需要を加速させることである。つまり、ここまで普及すれば後は跳ね上がるように普及が進むが、逆にここに達しなければ普及が止まってしまうといえる。アーリー・アダプターまで普及するこの点を、クリティカル・マスと考えて良い。

このような理由から、クリティカル・マスを超えることは、ネットワーク効果が働く製品・サービスの成功において必要十分条件である。どれほど優れていて発展可能性が高い製品・サービスであったとしても、クリティカル・マスを超えなければ普及せず、人知れず衰退して行くことになる。

∇クリティカル・マス超越法①――低価格・プレゼント

このクリティカル・マスを超える施策としては、次の3つが考えられる。

1つめは、低価格戦略・プレゼント戦略による初期ユーザの確保だ。ネットワーク効果の働く製品・サービスにおいては、初期ユーザ、とりわけアーリー・アダプターまで普及させることが重要である。そのため、普及初期には、製品・サービスを赤字覚悟で低価格にし、アーリー・アダプターが手にとりやすい価格にする戦略があり得る。

実際にこのような戦略は多くとられており、たとえばゲームハードであるプレイステーション3では、初期のころは1台売るたびに3～4万円の赤字が発生していたといわれている。

学術研究においても、その有効性を指摘するものがある。北海道大学教授の川村氏は、プレゼント戦略の有効性を示すシミュレーション研究を行った。プレゼント戦略とは、新しい製品・サービスをリリースする際に、無作為に選定した消費者に製品・サービスをプレゼントして使用してもらう戦略である。川村氏は、シミュレーションモデル上で、消費者間に相互作用の関係がある製品市場を設定してプレゼント戦略について研究を行い、その有効性を認めた。そして、比較的少ないプレゼント数であったとしても、正のフィードバック効果からそれは後々大きな効果となり、市場競争相手に打ち勝つことができることも示した。

このようなプレゼント戦略には、2通りのやり方がある。まず、所属するコミュニティや地理的要因などの制約によって、互いの相互作用が閉じたクラスタに限定されやすい製品・サービスについて考えてみよう。これには初期のゲーム機のようにカセットやDVDに入ったゲームソフトを友人同士で貸し借りする場合や、ビデオカセットに録画したテレビ番組を友人同士で貸し借りする場合が当てはまる。

研究では、このような製品・サービスでは、できるだけ同じクラスタに含まれない消費者を選び出してプレゼントを行うことが有効になることが明らかになった。これは、異なるクラスタからプレゼントされる消費者を選出することで、多くのクラスタで自社の製品・サービスが正のフィードバックによって優位性を確保できるためである。

考えてみれば当然で、1クラス30人の生徒全員にビデオデッキを配っても、その30人に普及して終わりである。しかし、地域的に離れた30クラスの生徒1人ずつにプレゼント戦略によってビデオデッキを配れば、「貸し借りができるから」という理由で一部のクラスで2人めの購入者が現れ、さらにそこから3人めが……となるかもしれない。

一方で、相互作用を形成するための制約が少ない場合についてはどうだろうか。昨今のインターネットを利用したサービスは、地域やコミュニティによる制約は小さいため、これに当てはまる。

研究では、このような製品・サービスでは友人プレゼント戦略を有効に利用することで市場をロックインする可能性を高めるとしている。どういうことだろうか。友人プレゼント戦略とは、すでに製品・サービスを採用しているユーザの友人の中から対象者を選定してプレゼントする戦略である。

そのような戦略が有効なのは、すでに採用している消費者のリンクを利用した方が、普及を促進させるようなハブ（友人を多く持っているような消費者・オピニオンリーダー）にプレゼントされる確率が高いためである。

ただし、このような低価格戦略やプレゼント戦略は、昨今多いフリー（基本無料）の製品・サービスでは、採用できない点には注意が必要である。そもそも価格競争が発生していないし、プレゼントされるまでもなく無料で利用できるからだ。

∇クリティカル・マス超越法②——利用障壁をなくす

クリティカル・マスを超えるための2つめの方法は、利用障壁を極限まで減らすことである。第3章でも述べたように、フリーの製品・サービス同士の競争は、基本的に価格競争ではなく、時間・手間の競争になっている。無料で提供されるものが数多くあるので、限られた予算の奪い合いという、かつての価格競争は起こらない。

それより重要なのは、時間である。人々は限られた自由時間の中で自分の気になる製品・サービスを導入し、楽しむ。そのような状況で重要になってくるのは、時間の奪い合い、「時間競争」に打ち勝つような、利用障壁を極限まで減らすような工夫である。

限られた種類の製品・サービスの中から、自分で納得の行くものにお金を出して購入して利用していた時代には、購入の際に多少面倒な手続きが必要であったとしても、値段や品質の方が購入に大きな影響を与えていた。しかしながら、大量の製品・サービスが存在し、しかもそれがアップストアなどの巨大プラットフォームを介して自由に無料でダウンロードして試せる情報社会では、初期に面倒な個人情報登録があるなどの手間ですら、消費者が利用をやめるきっかけとなり得る。

まずは消費者が簡単に利用できるような設計にしておいて、面倒な作業は深く利用するようになってから改めて要求するなど、利用障壁を極限まで減らす工夫が情報社会では求められる。

∇クリティカル・マスを超える方法③——情報公開

クリティカル・マスを超えるための3つめの方法は、情報公開により補完財を充実させることである。前述したように、補完財が存在するようなプラットフォームとなっていて、間接的ネットワーク効果が働いている製品・サービスにおいては、補完財が充実することが消費者の効用を高め、ユーザ数が増えることが補完財の充実につながる。

このことから、ユーザと補完財の双方を増やす戦略が必要となってくる。卵か先か鶏が先かという感じではあるものの、そもそも補完財を利用すること（ゲーム機でゲームを楽しんだり、ビデオデッキで映画のビデオを見たりすること）が、消費者にとってのプラットフォームの存在意義である。補完財がなければ、そのプラットフォームは消費者にとって無価値となってしまうので、まず力を入れるべきは補完財の充実である。

その補完財を充実させる戦略において重要なのが、自社の持つ技術情報やナレッジを秘匿して技術的優位性を保とうとするのではなく、それを他企業に公開し、数多くのベンダーが自社のプラットフォームに乗ってくるように仕掛けることである。

技術情報を公開するのは、既存の製造業に携わってきた人にとっては馬鹿げた戦略のように感じるかもしれないが、そのように自社のファミリーを拡大して行くことが、ネットワーク効果の働く製品・サービスではキーになるのである。

典型的な例がパソコンのＯＳ競争であろう。ウィンドウズを開発したマイクロソフトは、初期からアプリケーションの開発仕様を公開した。このため、数多くのベンダーがアプリケーションの開発をできるようになり、補完財が充実したのである。その結果、消費者の効用が増加し、市場に受け入れられた。さらに、それを見たＰＣ本体の生産メーカーは、ウィンドウズで動作するパソコンを多く生産するにいたった。

その一方で、アップルはＯＳに関する技術情報を公開しなかったためにアプリケーションの開発を行うベンダーが限られ、間接的ネットワーク効果を味方につけることができず、シェアを伸ばすことができなかったのである。

つまり、マイクロソフトは、ＯＳの補完財に当たるアプリケーションの開発仕様を公開することで、間接的ネットワーク効果によって消費者の効用を高めた。加えてウィンドウズを搭載したパソコンが市場に多く出回ることで直接的ネットワーク効果の恩恵も受け（消費者同士でのファイルの交換なども当時から多く発生したため、互換性が重要で直接的ネットワーク効果が働いていた）、大きなシェアを獲得するにいたったのだ。

これらの補完財を充実させる戦略に加え、消費者に手にとってもらうために①②の戦略を同時並行的に実施すると、より高い効果が得られる。

第6章 ソーシャルを活かすマーケティング戦略

ソーシャルメディアの主役である若者の消費行動

∇「若者は消費をしない」というのは誤解

ＦＳＰ－Ｄモデルを構成するＳ＝ソーシャルには、ネットワーク効果だけでなく、情報社会になり広がった人と人とのネットワーク・ソーシャル性を活かしたマーケティングも含まれる。

そしてそのマーケティングに際しては、多くの人が使うようになったソーシャルメディアの活用が欠かせない。ＩＣＴ総研の調査によると、インターネットユーザの実に80％弱がソーシャルメディアを利用していることがわかっている。同調査では、インターネットユーザがすでに1億人を超えていることが示されており、日本全国だけですでに約８０００万人が利用しているといえる。

それほど利用者の多いサービスということは、ビジネスにおけるメリットもさまざまあるということだ。ソーシャルメディアを企業が活用するメリットとしては、主に次の5つが挙げられる。

①若者に訴求できる
②クチコミを使ったマーケティング
③リアルタイムの市場・顧客分析
④消費者との密なコミュニケーション
⑤ブランディング

まずは「若者に訴求できる」から見て行こう。近年「若者は車を買わなくなった」「飲み会に行かなくなった」などといわれている。このことから、若者の消費が落ち込んでおり、若者にフォーカスしてマーケティングをしても効果が薄いのではないかと思う人もいるだろう。

実際、東京学芸大学の調査によると、現役大学生と30～49歳の同校卒業生を比較すると、大学時代の余暇の過ごし方として、ドライブ・ツーリングを選ぶ人は大幅な減少傾向にあるようである。代わって、ネット閲覧、動画共有サイト閲覧などのネット関連のものが大幅に増えている。

つまり、かつては車を買ってドライブに行くのが余暇の楽しい過ごし方であり、同時にステータスでもあったが、その価値観が変化してきているといえる。そして価値観の変化が、消費額の低下を招いている可能性はある。

さらに良くいわれるのが、「若者は交際せずに、家でスマホばかりいじっている」「若者はオンラインでやり取りばかりしていて本当の交流をしていない」というものだ。確かにスマートフォンは便利なもので、家で長時間スマートフォンをいじっている若者もいるだろう。また、ほとんどのものは無料で利用できるため、やはり消費額の低下を招いている可能性がある。

しかし一方で、頻繁にLINEのスタンプを買ったり、好きなアーティストのライブに行ってグッズを買ったり、好きなユーチューバーにユーチューブ上で寄付をしたり、仲の良い友人と旅行に行ったりしているのをご存じだろうか。こういった活動を見ていると、自分の好きなことや気になる体験については、むしろ積極的に消費を行っているようにも思える。

このような若者の消費行動を赤裸々にするために、筆者らの研究チームとグーグルで実施しているInnovation Nipponプロジェクトでは、2018年に実施した約6000人を対象としたアンケート調査データから、消費動向を分析した。調査に当たっては、「服・履物・アクセサリー・腕時計・バッグ」や「保険医療」など20項目についてひと月当たりの平均的な支出金額を聞いた。

その結果は次のようなものだ。まず、ひと月当たりに自分のために支出している金額は、10代(15~19歳)こそ安いものの、20代になると約10万円に達し、ほかの世代と比べて突出して少ないということはない(図6-1)。むしろ、景気回復が実感できないといわれていることや、社会保障費が急増していながらも、可処分所得に対してかなりの消費を行っているのではないだろうか。

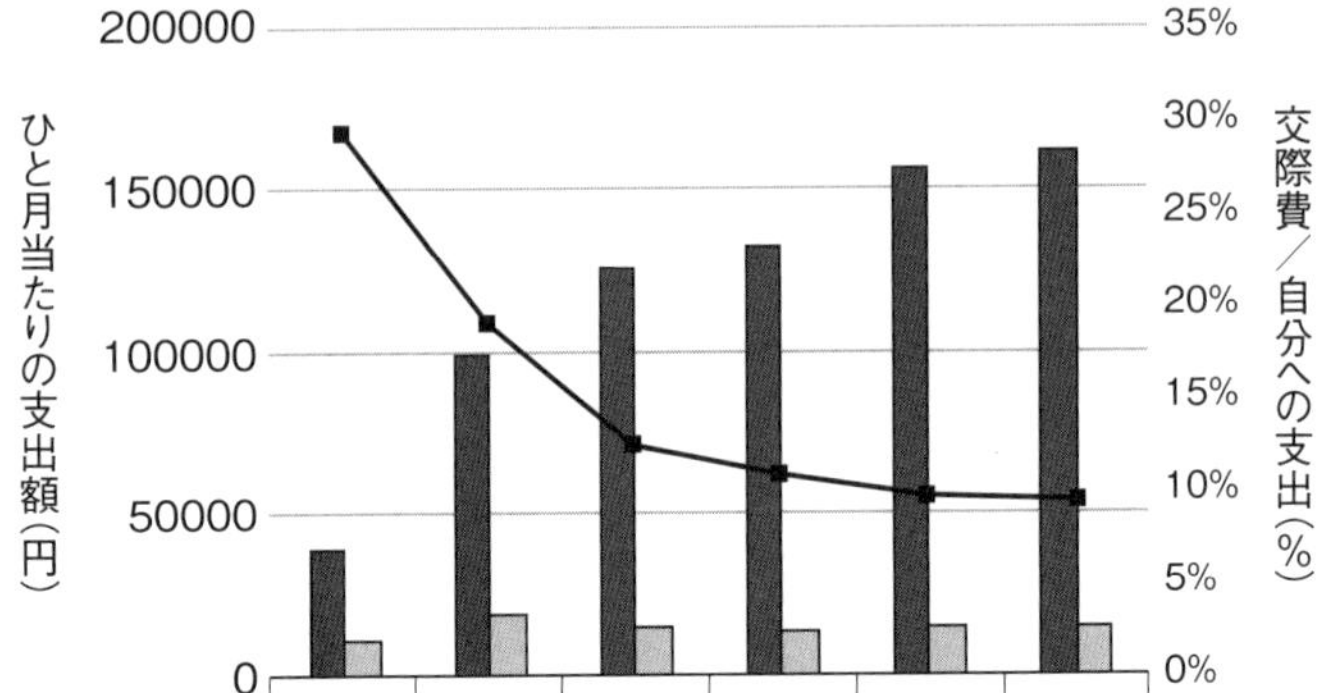

	10代	20代	30代	40代	50代	60代
自分への支出(円)	39540	98919	126071	132624	155578	161537
交際費(円)	11462	18541	15409	14144	14863	14827
交際費／自分への支出	29%	19%	12%	11%	10%	9%

図6-1　自分への支出額と交際費（ひと月当たり）。棒グラフは左軸（円）、折れ線グラフは右軸（%）。（出典：調査結果より筆者作成）

もう1つ、交際費も見てみよう。すると、10代でも交際費が1万円を超えており、自分への支出における割合は実に29%に達していることがわかる。これは全世代中トップだ。さらに、この比率は続いて20代が高く、金額ベースでは全世代中トップとなっている。

「若者がお金を落とさない」「若者は交際をしなくなった」「若者は人づきあいが希薄だ」――このような声は果たして本当に若者を知ったうえで発せられているのだろうか。

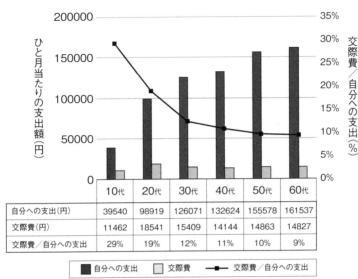

データが示すのは、若者たちは実際には積極的に交際を行い、そのために消費もしているということだ。

しかしそれも考えてみれば当然である。若者はスマートフォンとインターネットに熱中してしまっているといわれるが、実際にはソーシャルメディアをとおしてそれらの向こうにいる友人たちと交流しているのである。同調査で20代の男女に行ったヒアリング調査でも、「友達とインスタ映えしそうなところにいって楽しそうに撮るという『共有』をしたい」といった声が聞かれ、とりわけ女性はソーシャルメディアを「友達と共有する」という動機で利用している人が多いことがわかっている。

このような事実を踏まえると、ソーシャルメディアを使って若者に訴求することは、ビジネス上非常に重要であるといえる。加えて、その若者たちは今後数十年にわたり自社の顧客となる可能性も秘めている。ソーシャルメディアによって若者にアプローチしておくことは、今後のビジネスに中長期にわたって影響を及ぼす。

▽若者に人気のシェアリングは一次消費を増やす

もう1つ良くいわれるのが、「若者はシェアリング文化なので消費をしない」というものである。ここでいう「シェアリング」とは、「シェアハウス」「カーシェアリング」のような共用・共有や時間貸しだけでなく、フリマアプリなどを介して中古品を譲渡・売買することも含まれる。

確かに、先ほどの若者の消費額調査においては、消費したものが新品か中古かの区別をしていない。消費が中古（二次消費）ばかりであれば、新品市場（一次消費市場）の減速は免れない。その場合、企業が若者をターゲットにマーケティングをしても物は売れないといえる。

しかし、筆者が2020年にフリマアプリ企業メルカリと共同研究した結果、これも大きな誤解であることが明らかになった。研究では、まず、15～69歳の男女2万人を対象としたアンケート調査を行った。取得したのは、「ファッション」「スポーツ・レジャー」「理髪料・コスメなど」「家電・スマホなど」「エンタメグッズ」「おもちゃ・ホビーなど」といったフリマアプリで良く利用されている6分野における、「過去3か月以内の新品消費金額」「フリマアプリでの購入金額、出品金額のひと月当たり平均」と、「性別」「年齢」「居住地域」「結婚の有無」「同居家族数」「世帯収入」といった消費行動に影響を与えていそうな属性、そして各分野が好きかどうかという選好度である。

そのようなデータを使ってフリマアプリ利用と新品消費行動の関係を分析するわけだが、分析に当たっては、「ファッションが好きな人は新品でもフリマアプリでも多く購入する」といった分析上の問題がある（経済学で内生性の問題という）。そこで、消費行動モデルを構築し、操作変数法という手法を用いて、フリマアプリでの行動（原因）が新品購入金額（結果）に与える影響を抽出した。

その結果、何とフリマアプリ利用で新品購入金額が減るどころか、むしろ増えるような効果が多くの分野で見られたのである（図6－2）。このグラフの読み解き方は、まず、グラフの左側に棒が伸びている場合は新品購入金額を減少（新品消費を減退）させる効果で、右側に棒が伸びている場合は新品購入金額を増加（新品消費を促進）させる効果である。また、濃いグレーの棒グラフは各分野におけるフリマアプリでの購入による効果で、薄いグレーの棒グラフは各分野におけるフリマアプリでの出品による効果である。

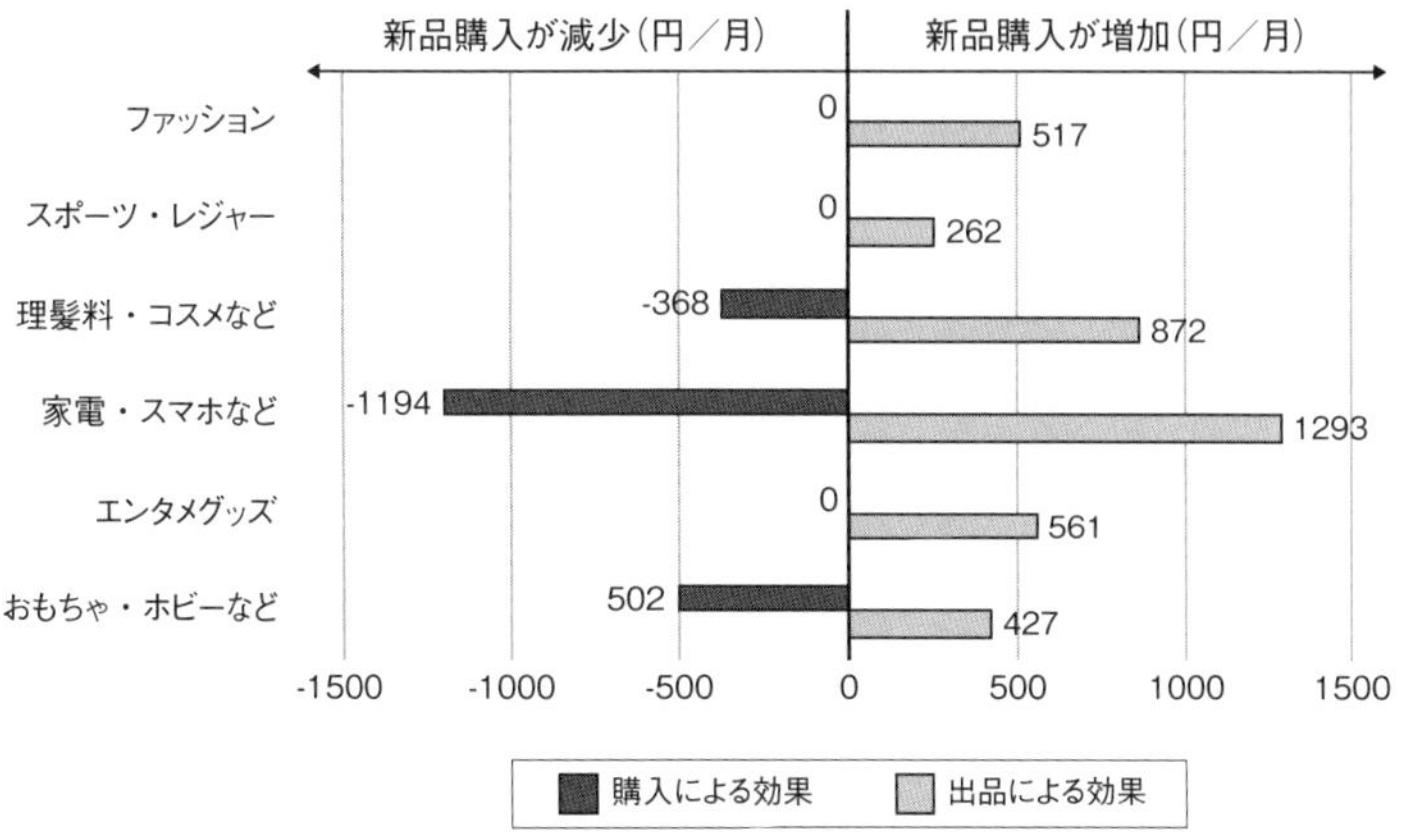

図6-2　フリマアプリ利用による新品購入金額の変化（円/月）。（出典：分析結果より筆者作成。ただし、統計的に有意でなかったところは影響がないということで0円としている）

たとえばファッションであれば、フリマアプリで購入することによって新品購入金額は変化しないが、出品することによって新品購入金額が、ひと月当たり517円増加するといえる。

図からは、フリマアプリで出品することは、その出品者の新品での購入金額を増加させることを示している。フリマアプリのようにシェアするサービスにおいては、売り手もいれば買い手もいる。そして、出品している人は、新しく何かを購入する場合に自分の好みに合わなければ出品すればいいと考えるので、何かを売ったお金でより高価格のものを買えたりする。このため、むしろ新品購入金額が増加するということだ。

たとえば、服をメルカリで売るのが好きな人がいるとする。その人は、今までは服を買うのに非常に慎重だった。なぜならば、買った服がいざ着てみた

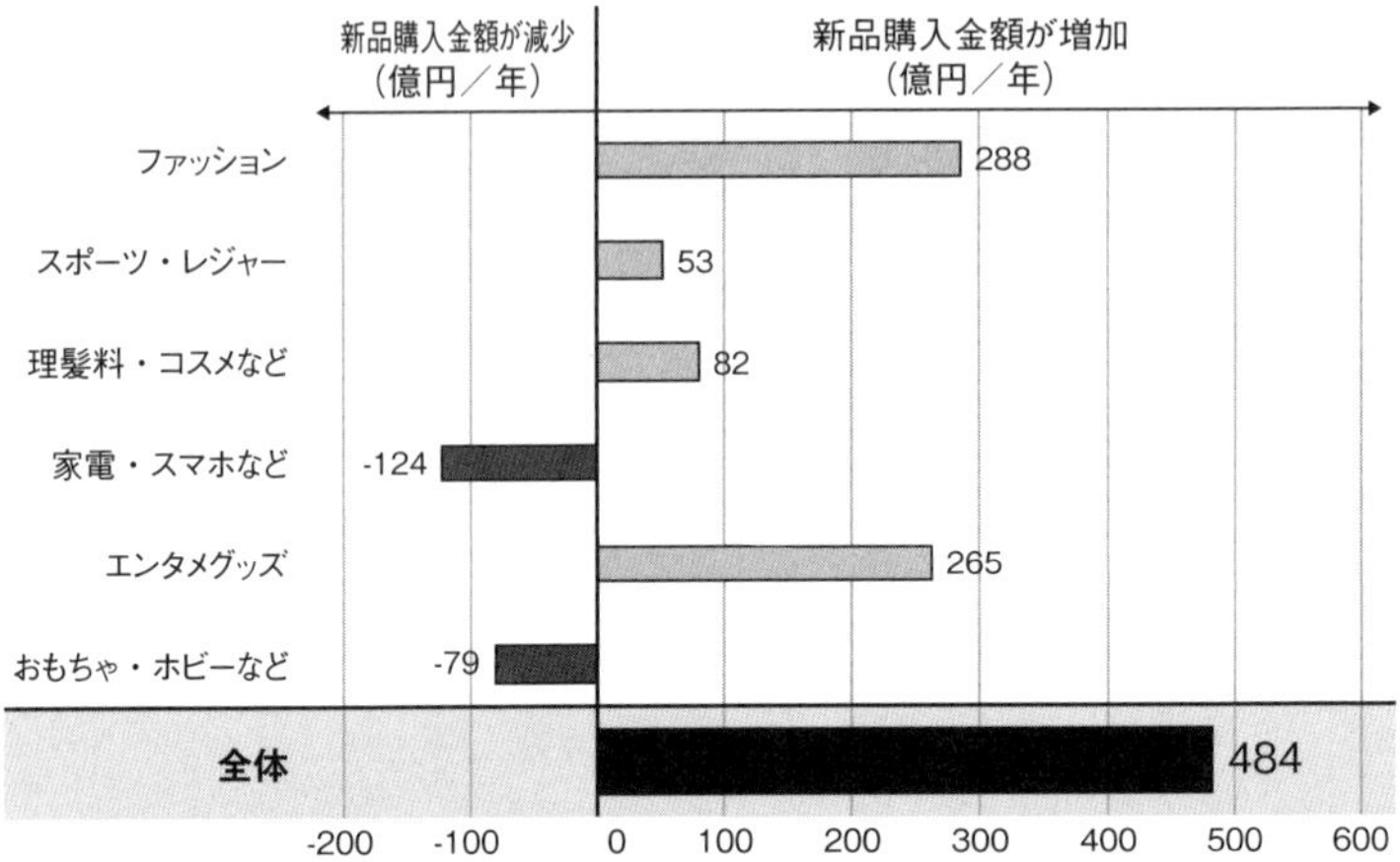

図6-3　フリマアプリによる一次消費市場への影響（億円/年）。（出典：分析結果より筆者作成）

ら微妙ですぐ着なくなってしまうということを頻繁に経験していたからである。

しかし、メルカリを利用するようになってからは別だ。「合わないと思ったらすぐ売ってしまえば良い」からである。たいして着ていないので、そこまで割り引いて売らなくても若者に人気のブランドやデザインであったらすぐに売れる。だから、新品で買う量は減るどころか、むしろ増えるのである。

また、フリマアプリでの購入は予想どおり新品購入金額を減少させる傾向があるものの、「ファッション」「スポーツ・レジャー」「エンタメグッズ」の3分野ではその効果は見られなかった。

そして、得られた結果から日本全国におけるフリマアプリの一次消費市場への消費喚起効果を推計した結果、日本全国で年間484億円の消費を押し上げていることがわかった（図6-3）。つまり、物のシェアリングエコノミーは、一次消費市場を縮小させるどころか、むしろ500億円規模で拡大していたのである。

∇シェアは「お試し」「リスク軽減」で消費を加速

消費者間の中古の流通が新品市場を食うどころかむしろ活性化させるなど、そんな馬鹿げた話はあり得ないと思うかもしれない。事実、研究をした筆者にとってもこの結果は「意外」以外の何物でもなかった。

しかし、これを支持するデータはほかにもある。たとえば、シェアリングエコノミーの代表ともいえるエアビーアンドビー(Airbnb)というサービスがある。エアビーアンドビーは消費者間で宿泊施設のマッチングを行うサービスで、空間のシェアリングをしているものだ。たとえば、出張で1週間自宅から離れるようなときに、エアビーアンドビーをとおしてその地域に宿泊したい消費者とマッチングし、貸し出すことができる。

このエアビーアンドビーは2007年に立ち上がったサービスであるが、米国では急速に成長を続けており、予約件数は2013年から2017年の4年間で何と約30倍に増加した。これほどシェアリングエコノミーが拡大すれば既存のホテル業界は悲鳴を上げそうなものだが、何と、その間にホテルの予約数も順調に成長を続けており、たとえば2013年には約11億件だった予約が、2017年には約12・3億件になっている。

無論、成長理由がエアビーアンドビーとは限らないが、少なくともエアビーアンドビーによって減少しているようには見えない。これは、エアビーアンドビーを使ってお試しで安く宿泊した消費者がその地域を気に入り、今度は良いホテルを使って観光をするといったような、広告型フリーモデルのようなプロモーション効果が働いているためだろう。

ほかに、日本においても、２０１６年から２０１８年において、フリマアプリ市場規模は３０５２億円から６３９２億円に急成長したにもかかわらず、フリマアプリの主たる取引商品の１つであるファッション関係の市場規模は、２０１６年以降横ばいで、減少傾向はみられない[17]。

さらに、このような結果は、調査において消費者の主観的な感想にも表れていたのである。消費者自身に「フリマアプリで新品購入金額はどう変化したか」を尋ねたところ、図６‐３で１００億円規模のマイナスの影響を示した「家電・スマホなど」分野を除く5分野において、「フリマアプリで新品購入金額が増えた」と感じている人は、「減った」と感じている人よりも多いという結果になったのである。

なぜこのようなことが起こるのだろうか。その理由についてもアンケート調査で尋ねたところ、「売ってお金を得られるので購入頻度が増えたから」「高いものを買うようになった」といった売ってお金を得られることを理由に消費が促進されていることや、「フリマアプリで中古品を試して、その後新品で買うようになった」「もし自分に合わなくても捨てなくて済むから」という、お試し感覚と商品選びに失敗したときのリスク軽減などが主な理由となっていることがわかった。

以上のように、シェアリングは、必ずしも消費を減速させないのだ。「若者はシェアばかりしているから物を買ってくれない」と考え、若者に訴求できるマーケティングツールであるソーシャルメディアを利用しないのは、情報社会のビジネスにおいては競争力の減退につながるだろう。

また、この研究結果からいえることは「消費者間で取引されるようなものにニーズがある」ということなので、シェアされることを意識した製品開発がむしろ売上を拡大するといえる。

経済効果1兆円以上のクチコミを利用せよ

∇クチコミは「情報の非対称性」を解消する

次に、本章最初に上げたソーシャルメディア活用の5つのメリットの2つめ、「クチコミを使ったマーケティング」について見て行こう。

現在では、消費者が製品・サービスを購入する際に、企業が発信している情報以外に、さまざまなクチコミを見てから決定するということが当たり前になっている。あなたも、通販サイトのレビュー欄や、食べログ、一休、価格ドットコムなどのクチコミサイトを1度は閲覧し、参考にしたことがあるだろう。

17　2016年に9兆2202億円だったものが2018年には9兆2239億円となっている。

消費者がクチコミを利用する最大の理由は、クチコミによって「情報の非対称性」が解消されることが挙げられる。情報の非対称性とは経済学の用語で、市場における各取引主体（販売する企業と消費者など）が持っている情報に差があり、対等でない状態（非対称性）を指す。

通常、企業は自社の商品に不利になるような情報を外に出すことはない。そのため、消費者は、購入前にフェアで正しい情報を得られるとはいえない。しかし、企業と直接的利害関係のない第三者である別の消費者が、商品の使用感などについてソーシャルメディアを用いて行う情報発信は、そのような非対称性を是正するのである。

そして、製品・サービスの情報をクチコミによって事前に知ることは、消費を促す効果もあることがわかっている。クチコミがなければ出会わなかった製品・サービスと出会って購入にいたったり、クチコミ情報のおかげで購入時のリスクが軽減し、消費意欲が刺激されたりするからだ。

このようなクチコミの経済効果については10年以上前から盛んに研究されている。たとえばECサイトにおける書籍のレビューが売上を増加させていることを実証的に示した研究や、映画の興行収入においてはレビューの点数は興行収入に影響を与えているとはいえない一方で、クチコミの投稿総量が強くプラスの影響を与えていることを示したものがある。

▽クチコミの消費押上げ効果は年間1兆円以上

筆者らの研究チームでも、約3万人を対象とした大規模なアンケート調査を行ってクチコミのマクロ的な経済効果を実証分析したことがある。

調査の結果、まず、ファッション、外食、美容品・美容サービスなどの多くの分野において、「クチコミサイトや通販サイトのクチコミ」が「テレビ番組・CM」や「雑誌・書籍」などを抑えて最も参考にされている情報となっていることが明らかになった。すでに、消費の判断において最も参考にされているのが、既存のマスメディアではなくネット上のクチコミとなっているのだから驚きだ。

そして、クチコミを閲覧することが支出行動にどのような影響を与えているか、回帰分析を行って定量的に検証した。その結果、何と「家電・スマホなど」「音楽」「ファッショングッズ」「コスメ」などの、10分野中6分野においてクチコミを閲覧することが支出額を増加させていることがわかった。

さらに、得られた結果から年間の消費額で換算すると、何とクチコミによって年間1兆円以上の消費喚起効果があることがわかったのである。ここで注意していただきたいのは、これはあくまで「消費を押し上げている効果」であるという点である。つまり、たとえば1万円のAブランドの加湿器を買おうとしていた人が、クチコミを見てBブランドの1万円の加湿器を買った場合、消費額は押し上がっていない。これはAブランドとBブランドで顧客を奪い合っているにすぎない。

その一方で、そもそも加湿器を買おうとしていなかった人がクチコミを見ることで買うことを決意して1・5万円の加湿器を買った場合には、1・5万円の消費押上げ効果があったといえる。また、Aブランドの1万円の加湿器を買おうとしていた人が同じようにクチコミを見ることでCブランドの1・5万円の加湿器を買ったりした場合には、5000円の消費押上げ効果があったといえる。このようなマーケットサイズそのものを拡大するような消費押上げ効果が、クチコミにはすでに年間1兆円以上あるのである。

製品・サービス単体の事例でも、クチコミによって爆発的に売れ行きが伸びたという事例は数多く存在する。たとえば、焦がしバターにたらこを合わせたマーガリンであるマリンフード社の「たらこスプレッド」は、2008年に発売された商品である。そして、発売から9年経った2017年に突然、対前年比591・4%の売上を記録する。対前年比591・4%の売上など、販売に携わる者なら一度は見たい夢のような数字である。なぜミラクルが起こったのか。

その理由は、何と「たまたまSNSで話題になった」だけだというのだ。実際、2018年5月時点でもツイッターで「たらこスプレッド」を検索すると、高頻度で投稿されていたのがわかる。SNSで話題になって広く認知されることで、約600%の売上を達成してしまったのである。

このようなクチコミを使い、うまく自社の宣伝をやろうという手法がバイラルマーケティングだ。ただし、先ほどの事例が「たまたま」だったように、狙って成功させて行くのは難しい。そのため、試してみて効果がなかったらすぐに諦めるというよりは、マーケティングの際につねに意識して行くというスタンスが良いだろう。

たとえば、消費者同士で話題になりそうな面白い仕掛けを用意したり、写真を撮ってソーシャルメディア上に投稿したときに話題になりそうなデザイン・見た目にしたり（インスタ映え）、友人・知り合い・フォロワーなどと共に利用した方が得になるように設計したり、クチコミを書いた人に特典を提供したりと、マーケティング戦略は多様に存在する。

重要なのは、1度話題にならなかったからといって「効果がない」と判断するのではなく、「百発百中で成功する手法ではない」ということを意識して、実践し続けることである。

ソーシャルリスニングで消費者動向を分析する

▽ソーシャルリスリングの長所

本章冒頭に上げたソーシャルメディア活用5つのメリットの3番め、「リアルタイムの市場・顧客分析」についても説明しよう。近年、日本でも着目されているソーシャルを活かしたマーケティング手法として、「ソーシャルリスニング（Social Listening）」というものがある。

ソーシャルリスニングとは、ツイッターやフェイスブック、インスタグラムなどのソーシャルメディア上の消費者の生の声（投稿）を収集・分析することで、マーケティングに活かす手法のことである。自社ブランドや製品・サービス、市場に対する、消費者が自ら発信した自然な意見や会話を分析することで、「消費者視点」で商品開発や、リスク管理、市場予測などをすることを目的としている。

このようなソーシャルリスニングは、「商品・サービス開発フェーズ」と「販売フェーズ」双方に、大きな変革をもたらした。それは、大きく分けて以下3つの特徴によるものである。

①安価で実施可能である

これまで消費者の生の声を聞くためには、いくらかのコストを払ってグループインタビューをしたり、アンケート調査をしたりという工夫が必要であった。ところが、今は消費者が自ら商品の感想をネット上に書き込んでくれるのである。そして、検索機能を駆使するだけでも簡易な意見の収集・分析は可能であり、安価でできる。そのため、マーケティング資金の潤沢でない中小企業でも、安価で開発や販売に消費者の声を反映できるようになった。

②自然な会話

これまでのアンケートやインタビュー調査では、企業側が「問い」を立て、それに対する消費者の意見を収集するのが一般的であった。しかし、ソーシャルリスニングで見えてくる消費者の声とは、自然な会話であり、そこには消費者の「本音」が現れているといえる。その率直でリアルな意見を基に、消費者視点での開発・販売が可能である。

③リアルタイムで消費者の声を分析できる

ソーシャルメディア上で見える消費者の生の声は、つねに「そのときに感じたこと」に基づいている。つまり、リアルタイムに近い状態で情報収集が可能である。時系列で意見を分析したり、問題がまだ小さいうちに消費者の不満を察知してリスク回避したりすることができるのである。また、消費者の反応の変化を時系列で見られるということは、新商品の提供やキャンペーン、企業対応前後での消費者の反応の違いを分析することも可能である。それだけでなく、今後のトレンド予測など、市場の潜在的ニーズの汲み取りにも活用できる。

これらの特徴によって、自社の商品・サービスへの評価やキャンペーンへの反応だけでなく、競合他社や市場の状況を、消費者の生の声から把握することが容易になった。

∇ソーシャルリスニングをビジネスに導入するには？

しかし、ソーシャルリスニングをビジネスに活かそうと考えても、「実際に何から手をつければ良いのかわからない」という意見を良く耳にする。

このような場合、まずはツールを入れれば良いと考えてしまいがちである。しかしながら、ツールというのはあくまで手段であり、目的ではないことを忘れてはいけない。「とりあえずツール」というのは、悪手なのである。

では何をすれば良いのか。まず手をつけるべきは、「目的を明確にすること」だ。そんなことはビジネスにおいて当たり前だ、と思うかもしれないが、意外にもこの分野ではそれが常識になっていないのを、企業の方とお話ししていると感じる。おそらく新しい手法であること、ツールというわかりやすいものがあることで、何となく適切な目的を設定しなくても始めてしまうのだろう。

しかし、漠然とソーシャルリスニングをしても、ただただテキストデータ（あるいはツールによる分析結果）が溜まるだけであり、そこからマーケティングに活かせない。自社の商品・サービスの特定の物事について深掘りしたいのか、市場全体の動向を把握したいのか、ＣＭへの反応を見たいのか、その目的によって、収集・分析するデータはまったく異なってくる。あるいは、炎上などのリスクに早期に反応したいというニーズもあるだろう。

次に、ソーシャルメディアの特性やユーザの文化を理解しておく必要がある。「良くわからないけど活用する」ではなく、「入り込んで活用する」のでないと、有益な知見を得られない。

ツイッター、インスタグラム、フェイスブック、いずれも人気のソーシャルメディアであるが、それらの特性はバラバラである。ツイッターは発信数が多いが、匿名で短い投稿が多い。インスタグラムは画像・動画のソーシャルメディアであり、検索はハッシュタグで行う。フェイスブックは実名がほとんどであり、中高年が多い。これらの客観的な特徴だけでなく、それぞれのユーザ間に流れる文化も異なるので、それを熟知した人間がソーシャルリスニングに携わらないと、適切な運用が難しい。

手段の話は、これらの後にやってくる。たとえば、中小企業がリスク管理や自社の特定の商品・サービスで使用したいならば、グーグル・アラートやツイッター検索などの、無料で使える機能で、自社の名前や商品ブランド名などをチェックしておくだけでも十分な場合がある。なぜならば、中小企業ならば話題にされる頻度は少ないので、これら機能を利用した目視によるチェックだけで事足りるためである。

一方、大企業が自社全体や多種にわたる商品・サービスへの評判を聞いて今後のマーケティング戦略に活かしたいならば、さまざまな企業が提供しているソーシャルリスニングのツールを導入するのが良い。その理由は、投稿されているテキスト量は膨大なため、それを自然言語解析や定性・定量分析によって見やすい形としたうえで戦略に活かすのが適切だからである。加えて、大企業ならばツールを導入する資金も十分にある。

∇通信学習サービス「ドラゼミ」での取り組み例

実際にどのような効果があるか、未就学児向けを中心とした教育事業などを手掛けている小学館集英社プロダクションのものを紹介しよう。この会社では、通信添削学習サービス「ドラゼミ」(2019年にサービス終了)について、ソーシャルリスニングツールである「ブームリサーチ」を利用していた。「ブームリサーチ」は、ツイッター、アメブロなどのブログ、ヤフー知恵袋などのQ&Aサイトをカバーした、クチコミを分析するツールである。

この事例では、クチコミデータを週1回まとめて社内の各部署へ共有し、主に実施した施策の効果測定に用いていた。時系列で消費者の反応が一覧できるため、テレビで取り上げられたときや、キャンペーンを打った際にどれくらい、どのようなキーワードの反応があったかがすぐに把握できる。

このような効果測定によって、コストのかかるプレスリリースが確かに効果を持っていることがわかり、施策の継続を決定したこともあった。

効果測定以外では、まだ会員になっていない潜在顧客の意識や考えを知るのに利用していた。たとえば、Q&Aサイトなどでは他社と直接比較されていることも多いので、どういう風に評価されているかを知ることが可能で、それを知ったうえで戦略を立てることができる。

また、施策実施の下調べにも利用していた。たとえば広告にタレントを起用する際に、そのタレントの評判をソーシャルリスニングによって把握することで、とくにターゲットとしたい層（この場合は保護者）に評判が良いかどうか判断することができる。

ネガティブなクチコミでサービスを改善したこともある。入会プレゼントで子供が首からさげられるライトを用意した際、電池が落ちないようにフタを固めに作ったところ、「フタが開かなくて電池交換ができない」という声がネット上に多く噴出した。それを素早くキャッチし、開け方を説明する動画をウェブサイトトップに公開したところ、苦情がなくなったようである。

このように、ソーシャルメディア上の情報を分析することで、リアルタイムの市場情報や消費者の嗜好をいち早くキャッチすることができる。消費者の自由な発言から表出しているニーズや不満は、各消費者に合わせた販売促進（製品・価格差別化など）による収益増加につなげられると同時に、より少ない生産要素でそれを実現することにつながって費用削減にもなるだろう。

誰もが自由に発信可能になり、情報・意見で溢れるようになった情報社会においては、「企業からわざわざニーズを尋ねる」のではなく、「消費者が自発的につぶやいている情報を分析してニーズを把握する」のが当たり前になってきているのである。

そして、このようにSNSなどを利用して消費者のニーズを把握し、経営に役に立てることは、どのような産業のどのような製品・サービスにも可能なことであり、それで売上の増加を見込める手段である。是非ビジネスをアップデートするために、自社の製品・サービスでどのような目的で、どのような分析が活かされるか考えて欲しい。

ソーシャルでは情報の偏りに注意する

∇ソーシャルリスニングの短所

ただし、ソーシャルリスニングにも、実は大きな落とし穴がある。それは、消費者の発信にはつねに「偏り（バイアス）がある」という点だ。消費者による改善要望も、企業への意見も、賛同も、それが消費者全体の意見を反映しているとは限らないことは忘れてはいけない。

その理由としては、ソーシャルメディア上には「能動的な意見」――つまり、「いいたくていった意見」しか書かれていないことが挙げられる。

たとえば、政治で良く行われるような世論調査は、電話などによって人々に意見を尋ねており、それへの回答を意見として得ている。つまり、答えている人は「聞かれたから答えている」のである。一方、ソーシャルメディア上にあるのは、いいたい人がいった結果、見えてきた意見である。そのため、強い意見や、投稿するのが好きな人の意見、批判的な意見が多く反映されている言論空間となっている。

たとえば、筆者は2018年に約2万人を対象としたアンケート調査データを基に、クチコミ投稿行動を分析した。その結果、「過去に一度でも」クチコミを書いたことのある人は、ネットユーザの46%に留まることがわかった。対象としているのは、クローズドであるメッセージアプリを除いた、「アプリストア」「ECサイト」「クチコミサイト」「SNS」である。これらのいずれか1つに1度でも商品・サービスのクチコミを書いたことがある人は、半分以下であることがわかる。

ネット上にクチコミが溢れていることを考えると意外なように思うかもしれないが、そもそもSNSをやっていない人もいるし、ECサイトでのレビューは読むだけの人も多いのである。

しかも、クチコミ投稿回数には非常に大きな偏りが見られた。図6－4は、ひと月当たりのクチコミ投稿回数が多い人から順に並べたものである。これを見ると、クチコミ投稿経験がある人でも、多くは半年に1回など、頻度が非常に少ないことがわかる。

その一方で、左の約5%のところから急激にカーブがきつくなり、最も多い人はひと月当たり1000回以上クチコミを投稿していることが確認される。まさに、第4章で見たような、べき乗則

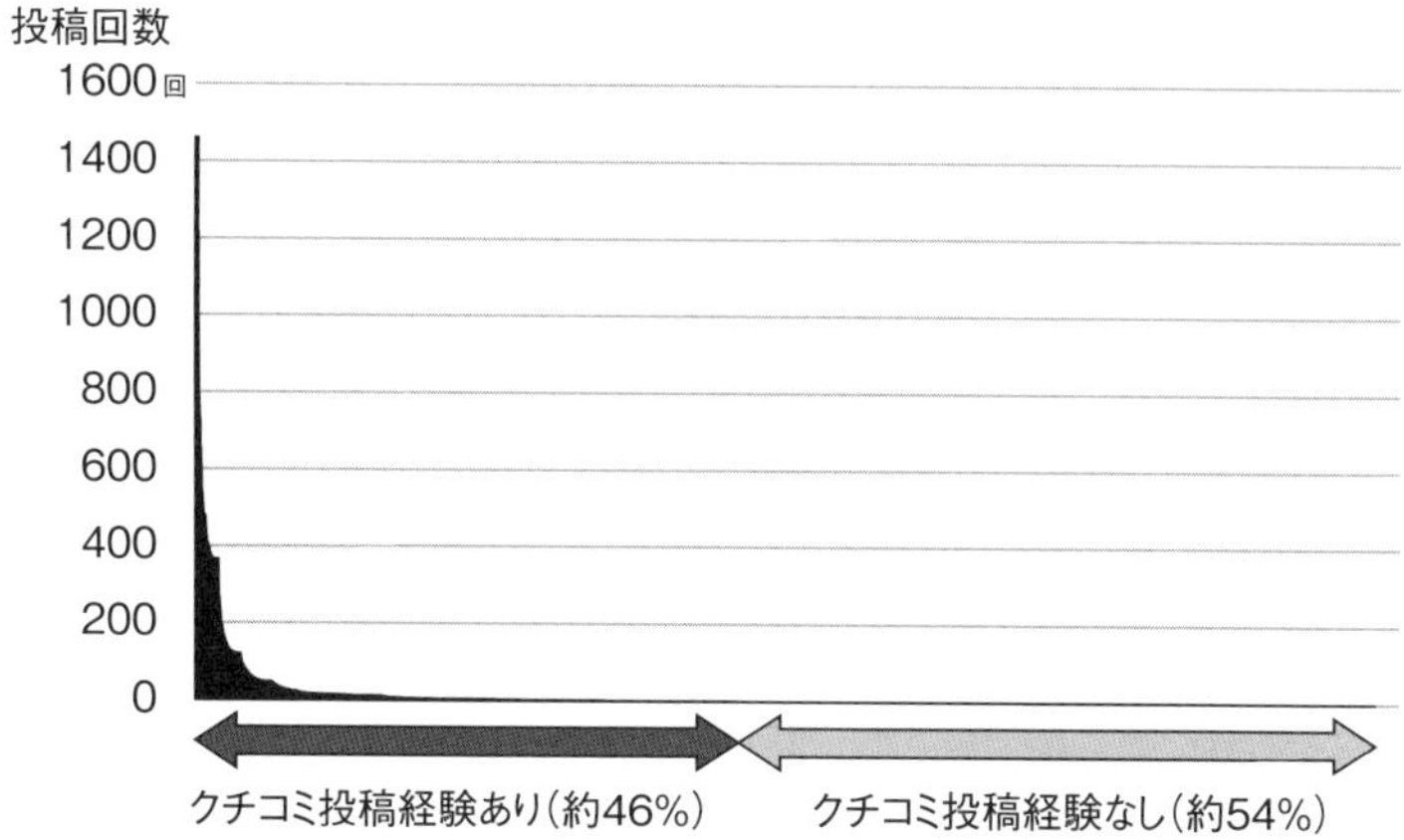

図6-4　クチコミ投稿回数の分布（出典：調査結果より筆者作成）

に沿っているといえる。同じ商品や体験について複数のサービスでクチコミを投稿するなど、大量に投稿をしているのであろう。ここから計算すると、何とクチコミの実に80%が、ネットユーザの4・2%によって書かれていたというのだから、驚異的な割合だ。どの世界にも非常に熱心な人はいるものである。

▽高頻度投稿ユーザには批判的で強い意見を持つ傾向

加えて、クチコミを投稿する人では、社会全体の平均よりも、商品・サービスに対して批判的な人が多いこともわかった。クチコミ投稿が多い人の評価は、全体の平均よりも5点満点のレビューで0・2〜0・5点ほど低くなり、その差は小さくない。

このような偏りは、クチコミだけでなく、通常のネットへの投稿にもみられる。筆者が約3000人を対象に行ったネットへの投稿行動に関する調査分析結果からは、社会の意見分布とネット上の意見分布がまったく異なることがわかったのだ。調査では、憲法改正についての意見を「非常に賛成である」〜「絶対に反対である」の7段階で調査し、それぞれの意見を持つ人の人数分布と、SNSに投稿した回数の分布の違いを検証した。

その結果、「非常に賛成である」という強い意見を持っている人は、「どちらでもない」という人に比べて、何と約10倍もSNSに投稿していたのである。投稿回数が次に多いのは「絶対に反対である」という、逆側に極端な人だ。

これで何が起こるかというと、「社会の意見分布と乖離したネットの言論空間の誕生」である。「非常に賛成である」「絶対に反対である」という強い想いを持っていた人は全体の14％にすぎなかったが、それが何とネット上では46％と、約半分の投稿を占めていたのである。

しかもこのような偏りは、「外国人が増えること」に対する日韓米の比較調査でも見られ、なおかつ「関心の高い話題ほど」そのような偏りが強くなることがわかった。日本だけでなく世界で起こっている現象であり、このような偏りがソーシャルメディア上で起こるのは、誰もが自由に発信できるという特性上避けてとおれないものということだ。

重要なのは、それを活かそうとする企業側（情報受信側）が、このような偏りを認知したうえで、適切にソーシャルメディアを利用することである。批判的で極端な意見が表出しやすいが、そのような意見の投稿者は社会全体で見たら決して多くはない。しかし、そこには間違いなく「消費者の生の声」があり、ソーシャルリスニングには高い効果がある。

偏りを前提としたうえで、発信者のプロフィールやほかの投稿、発信者と周辺の人たちのつながりのネットワークなども確認しながら、適切にマーケティングに活かして行くことが、これからの情報社会のビジネスにおいて益々重要になって行くだろう。

消費者との距離を縮める「愛されアカウント」

∇消費者と同じ立場でコミュニケーションができる

本章冒頭に上げたソーシャルメディア活用の5つのメリットの4番め、「消費者との密なコミュニケーション」についてはどうだろうか。ソーシャルメディアは人と人をつなぐ優れたコミュニケーションツールであるが、それは同時に企業と消費者をつなぐコミュニケーションツールにもなる。もちろん、ウェブサイトやオウンドメディアで消費者とコミュニケーションをとることも可能であるが、ソーシャルメディアを利用するのにはさまざまな利点がある。

まず、消費者はソーシャルメディア上の企業のアカウントを、ある種「自分たちと同じ」立場の相手であるかのようにとらえる傾向がある。その理由は、ふだん自分の家族や友人とコミュニケーションをとっているツールに、同じ「アカウント」という存在で入り込んでくるため、企業と消費者という壁を取り払って対等な立場でコミュニケーションをしているような感覚になるためである。

つまり、企業が消費者に向けて発信するというより、消費者目線で発信するという形をとることができ、相互にコミュニケーションが可能となる。

そしてそれは、マーケティングに関して深い知識がなくとも可能なことがポイントである。豊富な経験や知識を武器にマーケティングを組み立てずとも、ソーシャルメディアを始めるのは企業にとってローコストであるし、発信もコミュニケーションも簡単に行うことができる。

ただし、マーケティングの深い知識はそれほど求められない代わりに、ソーシャルメディアに関する知識は必要となる。たとえば、ソーシャルメディアはフェイスブック、ツイッター、LINE、インスタグラム、ユーチューブなど、サービスごとに規約やユーザ間に流れる暗黙の規範があるし、どのようなものに人気や評価が集まるかも異なる。そういった文化を知った人が適切に運用しなければ高い効果を得られないし、失敗して批判にさらされるリスクも高まる。企業でソーシャルメディアを活用する場合は、できるだけソーシャルメディアを日常的に使っているような、慣れた人が担当するのが良いだろう。

このようなコミュニケーションによって、さまざまな消費者にアプローチをすることができ、以前は興味を持たなかった潜在的な消費者にもビジネスを知ってもらうことができるようになる。また、消費者からフィードバックも容易に取得することができるので、不満の解消や、サービスの改善に活かすことができるのだ。

▽「愛されアカウント」という運用方法

さらに、コミュニケーションを重視したスタイルとして、「愛されアカウント」という運用方法がある。たとえば、健康系の計測器メーカーのタニタは、ツイッターでフォロワー数30万人以上を誇る公式アカウントを運用している。30万人というのは、企業の公式アカウントのフォロワー数としては突出して多い。

このように人気を博している背景には、通常の広報活動に加え、運用者の個人的な発信や、ユーザとの相互的なコミュニケーションを積極的に行っているために消費者に愛されているということがある。たとえば、（健康系のメーカーにもかかわらず）「タニタ、麺屋武蔵を食す。（初日だから許して）」というツイートを写真と共に投稿したり、マクドナルド公式アカウントの「マクドナルドクイズ☆2017年は酉年ということで、今年、チキンタ◯タがやってきます‼　◯に入る文字は？」というキャンペーンに関するツイートを引用して、「一瞬ドキッとした」と投稿したりしている。

多くの企業アカウントが淡々と自社の宣伝ツイートだけをしている中、このように「中の人」の人柄や感じていることが出てくると、ソーシャルメディア本来の「人と人とのコミュニケーション」というスタイルに近くなり、消費者が親近感と好感を抱くのである。

タニタのケースでは、さらに公式アカウント同士のやり取りも行っており、同じく愛されアカウントで有名なシャープのアカウントなどとのやり取りが話題になることがある。シャープのアカウントもまた、お笑い芸人のサンシャイン池崎氏が人気を博すと、「空前絶後のォォ！！！！　超絶怒涛の空気清浄力ゥゥ！！！　保湿を愛しッ！！　保湿に愛された男ォオオ！！！　浄化、消臭、除電、すべてのキレイ産みの親ァ！！！　そう我こそはァァ！！！　プラズマッ！！　クラスタッ！！　ハッ！！　シャープだけッ！！！　イェェエエエーーーーーイッ！！！　ジャスティス－！！！！！」などと投稿を行い、５・７万件もリツイートされる（２０２０年1月時点）など、積極的にカジュアルな投稿をしている。

先ほどのマクドナルドキャンペーンに対するタニタの投稿についても、シャープのアカウントが「チキンタニタで間違いない」と投稿して話題になった。

この2アカウントはとくに有名な愛されアカウントとなり、何とラジオ出演や「シャープさんとタニタくん」というタイトルでの漫画化などメディアミックスが行われたこともある。「たかがSNS広報」と思う人もいるかもしれないが、このような運用によってローコストで効果的なプロモーションにつながったのである。

さらに、愛されアカウントは、ファンを増やすというだけでなく、いざ何かでネット炎上（ある人や企業の行為・発言・書き込みに対して、インターネット上で多数の批判や誹謗中傷が行われること）した際に、消費者が批判一色になりにくくなるという効果も期待できる。

ただし、投稿で受けを狙いすぎた結果、批判の対象になったという事例も少なくないため、運用にはテクニックが必要になる。

ブランド戦略に活かす

▽ヒルトンの事例に見る価値向上のメソッド

本章冒頭に上げたソーシャルメディア活用の5つのメリットの最後、「ブランディング」についても説明しよう。ソーシャルメディアは、安価にブランディングを行えるツールでもある。ソーシャルメディア上でキャンペーンをしたりコミュニケーションをしたりすることで、すでにブランドのファンである人とのより強固な関係を築くことが比較的簡単にできる。それに加え、消費者の投稿に積極的に返信し、質問に回答を重ねることで新たなファンとなる人を見つけることができる。さらに、ブランドの文化や歴史を多くの人に共有することもできるのだ。

これを高度に実践しているのが、114か国に約6000のホテルやリゾートを所有するヒルトンである。有名企業であるヒルトンは、何と平均して毎日約15万もツイッター上で言及されている。もちろん、それらのほとんどは観光会社が宣伝する特別オファーや広告、ニュースなどに言及しているもので、ヒルトンからすぐに返信する必要はない。しかし、その中から利用者が部屋やサービスについてポジティブなツイートしているのを見つけると、それをフォローするような内容の返信（謝意を表したり、追加の情報を伝えたりするリプライ）をたびたび送信している。このようなコミュニケーションは必要不可欠な対応ではないが、顧客エンゲージメントを高め、リピーターを増やすことが期待される。

ただし、ソーシャルメディア上で発信される情報はポジティブなものに限らない。このような大企業になると、利用者による不満も毎日のように投稿される。そのような投稿が見つかった際には、迅速に対応をとり、問題を解決するようにしている。たとえば、宿泊客がクローゼットの狭さについて写真と共に不満をツイートしたところ、1時間もしないうちにより大きいクローゼットのある部屋に変更されたといった事例がある。

一般的にソーシャルメディアでブランドが返信する平均時間は10時間だが、平均的なユーザは4時間しか待てないといわれている。しかし、ヒルトンは1時間で3・3ツイートに回答しており、問題を指摘するツイートから返信までの平均時間は37・3分である。ヒルトンはその高い品質・ブランドを維持するために、これを人力で実施しているのである。そして、将来的にはツイッターを24時間態勢で監視し、30分以内に返答したうえで、最初の回答から12時間以内にすべての問題を解決することを目指しているようだ。サービス改善と顧客エンゲージメントを高めることに、SNSをうまく活用した事例といえよう。

∇インフルエンサーの影響力でブランド価値が向上

さらに、主要な著名人・インフルエンサーとソーシャルメディアでつながることにより、ブランド価値向上を図ることもできる。テレビCMなどももちろんブランド価値を向上させるが、近年では、ソーシャルメディア上で多くのフォロワーを抱えるインフルエンサーに取り上げられることが、非常に大きなブランド認知向上効果をもたらしている。

テレビに出ている芸能人と異なり、ソーシャルメディアというコミュニケーション空間で活躍するインフルエンサーは、製品・サービスの消費体験を、より消費者に近い目線で伝えることができるからだ。

このようなインフルエンサーマーケティングについて、調査会社デジタルインファクトの調査では、2018年には219億円の市場規模だったものが、2028年には933億円になると予想している。そして、これはあくまでマーケティングそのものの市場規模であるため、消費に与えているインパクトはこの何倍もあると予想される。

ネット炎上リスクを正しくとらえる

▽企業のネット炎上は1日に1件以上発生している

このように、ソーシャルメディア活用は情報社会のビジネスに欠かせなくなってきている。しかしその一方で、そのような活用にはつねに「ネット炎上」のリスクが伴っていることを忘れてはいけない。

ソーシャルメディアはオープンで拡散力があるものの、それと同時に批判が集中する炎上も起こりやすい。その実態や対策にはまだわからない点が多いため、高い効果があることはわかっているにもかかわらず、多くの企業がソーシャルメディアをうまく使えていないのが現状である。

そもそも炎上は、どれほどの頻度で発生しているのだろうか。ウェブリスクについて調査・コンサルをしているシエンプレの発表によると、2019年の炎上発生件数は、年間およそ1200件だったようだ。1年は365日しかないので、1日当たり3回以上どこかで誰かが燃えているのが現実といえる。

ひとたび企業が炎上すると、実にさまざまな影響がもたらされている。たとえば、「PCデポ不要契約炎上事件」では、家電量販店PCデポが、認知症患者と不要な高額のサポート契約を結び、解約しようとした家族に20万円もの解約料を請求したことがツイッターで広まり大炎上した。そして、多くのネットメディア・マスメディアで大々的に取り上げられた結果、イメージダウンにつながっただけでなく、株価が一時18%安と急落したのである。

また、「有給チャンス事件」では、サントリーの子会社ジャパンビバレッジ社において、「全問正解で有給(休暇)チャンス」という内容のメールが従業員に送られていたことで炎上した。実際に支店長から送られた証拠のメール画像つきで、ブラック企業ユニオン(個人加盟の労働組合)ツイッターアカウントが告発したことにより批判が殺到した。全員不正解で有給休暇をとれた者はいなかったというエピソードも合わさって、パワハラだという批判で溢れたのである。テレビでも取り上げられて大炎上し、同社は事実確認後謝罪している。

ほかには、「午後ティー女子炎上事件」では、「午後の紅茶」を販売するキリンのツイッターアカウントが、午後ティー女子として4種類のイラストを公開し、「いると思ったらRT（リツイート）」などと投稿した。しかし、そのイラストが「モデル気取り自尊心高め女子」など、シニカルなイラストと解説文であったため、「顧客を悪く描いて何が楽しいのか」「女性をモノ化し、批判し、馬鹿にしている広告ですね。残念ですがもう商品を買いません」などの批判が殺到したのである。ツイッターで話題になることを狙った尖った企画であったが、一部の消費者に受け入れられず大炎上となったといえる。

このような炎上では、「PCデポ不要契約炎上事件」のように、たびたび株価に大きな影響を与えることがある。慶應義塾大学教授の田中氏の研究によると、炎上の平均的な株価への影響は、マイナス0・7％であった。さらに大規模な炎上に限ると、5％程度の下落が見られたという。0・7％というと大きくなさそうであるが、実は航空機事故や化学爆発による株価の下落幅と同程度の数字である（図6－5）。

ほかには、蕎麦屋でバイトしている学生が洗浄機に入った写真を、「洗浄機で洗われてきれいになっちゃった」というコメントつきでツイッターに投稿したところ、不潔だとして批判が殺到したこともある。本人はネタのつもりでやったのであろうが、誰でも見られるツイッターに投稿してし

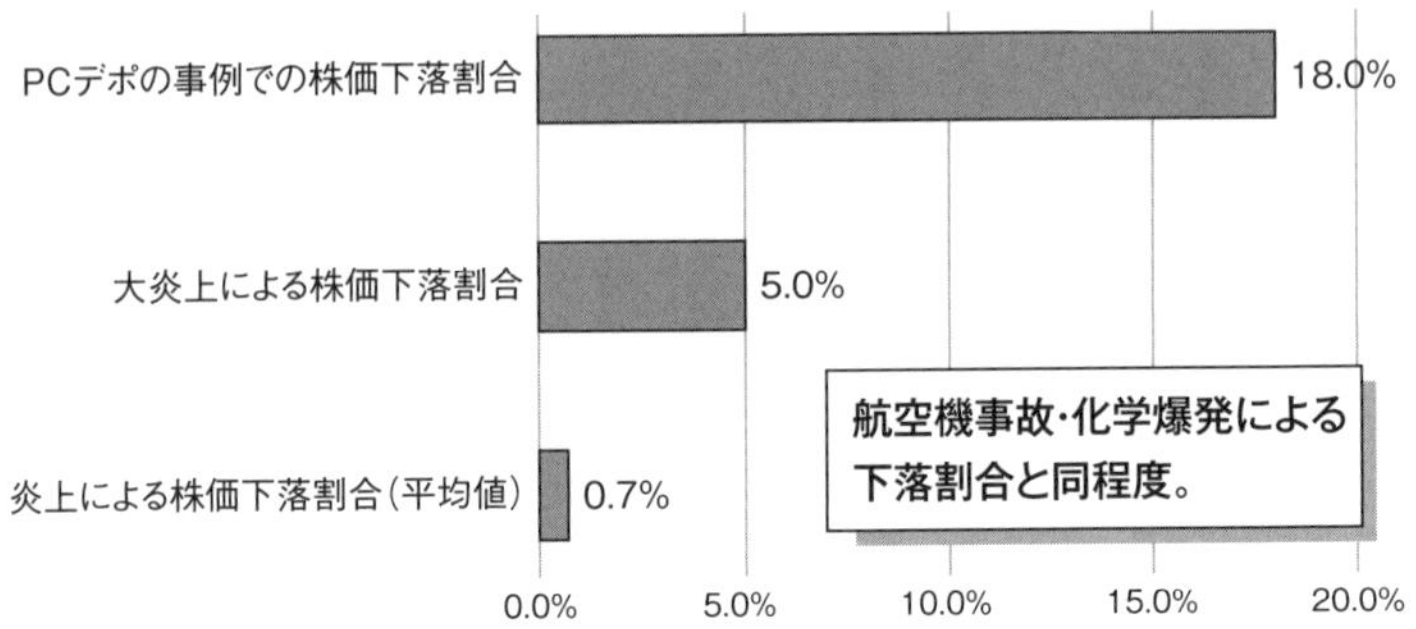

図6-5　炎上と株価の関係。ただし、分析対象としているのは、NAVERまとめで1万ページビューを超える中規模以上の炎上事例である（出典：田中氏の研究結果より筆者作成）

まったことで炎上してしまったのである。投稿した学生の個人情報は瞬く間に特定され、氏名、住所、大学名すべてがネット上に拡散されてしまった。

さらに、こういう場合は店側にも批判が殺到する。蕎麦屋にクレームの電話が殺到し、常連からも批判されてしまったようだ。「不衛生だ、金を返せ」などのクレームが止まらない状況を受け、最終的に蕎麦屋は何と閉店するにいたった。

このように、従業員が何かをしてそれをソーシャルメディアに投稿した結果、多大な被害がもたらされることも少なくない。企業のアカウントだけでなく、従業員もソーシャルメディアを利用することで、いわば「公人」といっても良い状態になることに留意する必要がある。

データが明らかにした「意外」な炎上の実態

▽炎上に書き込んでいるネットユーザはごく一部

このようにさまざまな影響を及ぼす炎上であるが、そもそもどれくらいの人の声が反映されたものなのであろうか。実は、ソーシャルリスニングについて解説する際に述べたのと同じように、炎上においても、書き込みを行っているのはごく一部のネットユーザに限られるのである。

2014年に約2万人を対象としたアンケート調査データを分析した筆者らの研究の結果は驚くべき炎上の実態を示した。何と、過去全期間をとおして1度でも炎上に書き込んだことのある人はネットユーザの1・1％に留まり、これをさらに過去1年間——つまり「現役の炎上参加者」——に絞ると、わずか0・5％（200人に1人）しかいないことがわかったのである。

これを炎上1件当たりに換算すると、炎上1件当たりだいたいネットユーザの0・0015％程度（約7万人に1人）が書き込んでいる計算になる。

これだけ頻繁に発生している炎上について、たった0・0015％しか書き込んでいないとは驚きだ。しかし、実は「炎上参加者は少ない」という事実は、研究前から有識者の間では感覚で知られていたようである。たとえば、2ちゃんねる（現5ちゃんねる）元管理人のひろゆき氏は、「2ちゃんねるの炎上の主犯はだいたい５人以下」というように述べている。また、ジャーナリストの上杉氏は、ブログが炎上して７００以上のコメントがついたときにＩＰアドレスを見たら、たったの４人で書き込まれていたといっている。

さらに、この結果は２０１６年に、対象者を約４万人に増やして調査した際も、ほとんど変わらなかった。ツイート数から分析した別の分析でも同様の結果が得られている。

ただし、これをもって「炎上は些末な出来事」と考えるのは早計である。先述したように企業の炎上はさまざまなネガティブな影響をもたらす。参加している人の数は少なくとも、炎上を知らない人はたった8％であり、10人に９人以上は炎上を知っていることが先述の調査からわかっている。また、ネットユーザ自体が非常に多く存在するため、約７万人に１人であったとしても、平均して１件当たり１０００人程度は書き込みをしているということになる。１０００人というのは、ネットユーザ全体からするとかなり少ない。しかし、ネット普及前には、１０００人から批判が来るなどということは、滅多になかっただろう。

さらに、炎上はネット普及前のバッシングと異なる点がある。それは、批判が可視化されたうえで拡散されやすいという点である。可視化というのは、批判が書かれたワードとして誰の目にも見える形になることだ。これまで井戸端会議で終わっていたようなバッシングまで、すべての批判がこの情報社会には「見える化」されるのである。

そして多くのＳＮＳは、情報を気軽に拡散できるように設計されている。それは、簡単に情報を共有できることはコミュニケーションをより豊かにするためである。しかしその結果、炎上事例は瞬く間にネット上を駆け巡ることとなってしまった。

それだけでなく、近年ではマスメディアもネットの情報をチェックしており、積極的に取り上げるようにしている。そして、メディアが報道すると今度はそのソースつきでＳＮＳに投稿するものが現れる。このようにメディアとＳＮＳが相乗的に情報を拡散して行く様子について、法政大学准教授の藤代氏は、メディアとＳＮＳの共振という表現を使っている。

▽炎上がメディアに取り上げられると影響が深刻化

このような炎上の発生・拡散メカニズムは、次のように書ける。

①**火種の投下**：ある発言、行為に対して批判的なコメントをつけて拡散する人が現れる。「リツイート（ＲＴ）」などのソーシャルメディア上の拡散機能は、１クリックでフォロワー全員に情報を広めるため、拡散力は高い。

②**炎上拡散**：どんどん拡散されて行く。１件当たり何十回も書き込むようなヘビーユーザも参加し、批判の集中度合いが増して行く。

③**大炎上**：ネットメディアやまとめサイトが取り上げる。これらのサイトはソーシャルメディア上で話題になっているものを積極的に取り上げる傾向にある。月間ページビュー数が１億

を超えるものもあり、その拡散力は高い。

④深刻な大炎上：テレビなどのマスメディアが取り上げる。マスメディアは近年ネットメディアをチェックしており、ネットで話題のものを積極的に取り上げる。ネットをあまり利用しない幅広い層にも広く拡散する。企業であれば株価下落、芸能人であれば活動自粛など大きな被害が出る。さらにマスメディアの報道を引用してソーシャルメディア上で拡散する人が現れて②が行われ、雪だるま式に拡散されて行く。

実は、炎上とはソーシャルメディア上の現象ではあるが、③以降のネットメディアやマスメディアで取り上げられずソーシャルメディアで閉じている限り、企業の株価下落などの深刻な影響は出ないことがわかっている。帝京大学准教授の吉野ヒロ子氏の研究によると、炎上の認知経路について、テレビのバラエティ番組が58・8％であるのに対し、ツイッターは23・2％に留まっている。炎上はネットの現象にも関わらず、実はそれを拡散しているのはテレビなどのマスメディアだったのである。

炎上リスクを回避して適切にソーシャルを活用する

∇炎上を未然に防ぐアカウント運用法

では、企業のアカウント運用において、このような炎上リスクをどのように回避すれば良いのだろうか。それは次の5つのポイントにまとめられる。

①炎上しやすい話題を知る

宗教・社会保障・格差・災害・政治・戦争・性別など、炎上しやすい話題というのはさまざまある。とりわけ昨今は性の役割に関する発信で炎上することが多い。女性にステレオタイプの役割を持たせて炎上した企業CMは数知れないので、注意する必要がある。

また、何かに対する批判も炎上につながる可能性が高い。競合他社や消費者だけでなく、まったく関係のない商品やサービス、事件などについても企業のアカウントで批判的に触れるべきではないだろう。

②誤った情報・捏造を発信・拡散しない

消費者は誤情報を嫌い、とくに企業の発信に対しては「正しさ」を求めている節がある。企業のアカウントだってやっているのは人間なのでミスをすることもあるわけだが、消費者はそのミスに敏感に反応するのである。捏造をしてはいけないのはもちろんだが、事実確認ができていないような情報を安易に発信しない方が良いだろう。

また、拡散（シェア）にも責任が伴うため、拡散しようとしている情報が本当に正しいか、良く確認する必要がある。以前、テレコムサービス協会が「ＩＣＴ女子プロジェクト」というのを展開しようとして炎上したことがある。同プロジェクトは、募集資格が若い女性限定、応募用紙では全身写真などの要求があったため、「ＩＣＴ女子という企画でなぜ容姿が必要なのか」などと批判されたのだ。

しかし批判の対象となったのはテレコムサービス協会だけでなく、総務省もだった。なぜならば、総務省が公式アカウントでこの活動を紹介したためである。ただ紹介しただけであったが、こういう場合は知名度の高い総務省にも批判が集中するのだ。

そして言うまでもなく、法的に問題があるような情報の発信もＮＧである。たとえば、どこかから画像を持ってきて投稿することは著作権侵害に当たるため、避けなければいけない。

③炎上しやすいタイミングを知る

大災害時など、社会に大きな影響を与える事件が起こった際には、通常の発信でも炎上対象となることがあるため、慎重に発信して行く必要がある。著名人や企業が、ただ通常の活動や発信をしているだけで「不謹慎」と批判される、いわゆる「不謹慎狩り」という現象が起こることが知られている。

たとえば、2016年4月に発生した熊本地震の際、あるモデルがインスタグラムにファッション誌用の写真を投稿したところ、「ズレてる」「自分の写真より義援金の振込先や必要物資の送り先を」などの批判コメントがついた。

中には、被災者なのに外野から非難された例もある。自宅が被災したタレントが避難生活の状況をブログで発信していたら、何と「愚痴りたいのはお前だけではない」「可哀想な私アピールがイラつく」「不幸自慢にしか見えない」「芸能人だからって特別扱いされると思うな」などの心無いコメントが相次いだのだ。結局そのタレントは、「これで発信やめます　これ以上の辛さは今はごめんなさい　必死です」と書いて発信を停止するにいたってしまった。

企業でも、TSUTAYAの店舗アカウントが2011年3月に発生した東日本大震災時に、「テレビは地震ばっかりでつまらない、そんなあなた、ご来店お待ちしています」と発信したら炎上した例など、挙げはじめたら枚挙に暇がない。

この「不謹慎」という言葉は、東日本大震災のときにネット上で爆発的に使われるようになり、その後落ち着いたものの地震前の水準には戻らず、ネット上に定着した言葉である。グーグル・トレンドでの検索回数を見ると、東日本大震災と熊本地震のときに突出して多く検索されていることがわかる。

そして2020年5月現在、再び検索回数が急増している。それはまさに、新型コロナウイルスによる危機で、不謹慎という言葉が多く使われはじめたのにほかならない。企業はこういった大きい事件があるときにはつねに気を配らなければいけないのだ。

また、とくに災害時というのは情報共有が重要なタイミングではあるが、それだけソーシャルメディア上にデマも流れやすい。②の点に気をつけ、情報の発信・拡散にはつねに慎重である必要がある。

④コミュニティの規範を知っておく

ネットのサービスには、それぞれ規約だけでなく、ユーザ間に流れる暗黙の規範がある。そのような規範はサービスごとに異なるため、広報アカウントを運用する際は、サービスごとにそれを理解しておく必要がある。

また、それはサービス単位に限らない。何かの作品やスポーツなど、さまざまな物に対して、そのファンの間に流れる独自の文化がある。ツイッターのトレンドになっているからといって安易に乗っかると、逆にファンの反感を買って炎上することがある。

⑤複数人で運用する

企業や政党などのＳＮＳアカウントが炎上するケースでは、明らかに感情的になって発信しているものが少なくない。たとえば、熊本地震のときに民進党のアカウントが「多くの議員が与野党なく災害対応に協力した中で、一部の自民党の有力議員が原発対応についてデマを流して政権の足を引っ張ったのも有名な話です」など、複数回にわたって自民党を批判するツイートを投稿したことがある。これには「震災時に政争をするな」といった批判が相次ぎ、アカウントは「担当者の私見の入った不適切なツイートだった」と謝罪するにいたった。

アカウントの中の人も当然人間なので、感情が露わになってしまうのは仕方のないことではある。しかしながら、感情のまま消費者への批判や、他社・他政党への批判をしてしまうと、たちまち炎上につながる。そのような感情的な発信をなくすためにも、ネット広報は複数人で行い、ダブルチェックをすべきである。

∇それでも炎上したら、どうすればいいのか

ただし、これらをどんなに気をつけても、100%炎上を予防することはできない。そして、いざ炎上した際には、まず謝罪すべきと述べているマニュアル本も少なくない。しかしながら、批判が妥当でない場合に謝罪や取り下げを行うと、発信内容を否定することにつながるので、発言を擁護した人も否定することとなり、むしろ立場を悪くする場合もある。過去の炎上事例では、主張を貫くことでむしろ評価を上げた例もある。

まず重要なのは、迅速に炎上の発生を検知することである。前述したように、ネットメディアやマスメディアに取り上げられない限り、炎上が大きな影響を及ぼすことはない。しかし、おおごとになってから事実確認を行ったのでは対応が遅れてしまうため、できるだけ早く検知することが良い対応の鍵となる。自動検知システムなどによって迅速に把握した後、発生段階で事実確認は行っ

ておく。

次に、反応すべきかどうか、そして批判は妥当かどうかの内容の判断をする。自社内の事実確認結果と合わせて、批判者のアカウントを確認したり、コメントの内容を確認したりして判断を行う。対応は3つに分類できる。明らかに批判が妥当ではない場合は、無視・主張を貫くという対応が考えられる。無視ではなく主張を貫く場合には、事実関係の確認と公表に努めることが重要である。そして、消費者への批判・反論はしてはいけない。

事実確認が済んでいないものの、どうしても迅速に謝罪をしたい場合は、「世間をお騒がせしていること」など、対象を限定して謝罪するに留めるのが良い。

また、明らかに企業側に非がある場合もある。その場合は、迅速に謝罪するのが良い。その際には、事実関係の確認・発表を行い、問題点を具体的に明確にするだけでなく、今後の対応まで述べられると良い。言い訳・隠蔽行動をせず、消費者への批判や反論もしないよう心掛ける。

問題となるのは、批判が妥当かどうかわからない場合である。その場合の判断は非常に難しいが、1つの判断基準となるのが炎上の規模である。炎上の規模が小さいままであれば、とくに大きな影響が出ることはないので、無視・主張を貫くという対応が考えられる。しかしながら、人気ネットメディアに掲載されると、大きな拡散効果があるばかりか、マスメディアで取り上げられる可能性も非常に高まる。そこまで発展した場合は、迅速に謝罪をするという手段が考えられる。

そして、謝罪の要点は、次の3つにまとめられる。まず、「何に対して、何を行ったことに関して謝罪するのか」といったように、謝罪対象を明確にする。次に、「なぜ謝罪するのか」と、謝罪理由を明記する。最後に、「どう対処したのか」、そして「今後どうして行くか」、具体的に行ったことと今後行うことを示す。また、ウェブサイトであれば長めに書くことができるが、ツイッター上で謝罪する場合、現状では140字の字数制限が存在するため、できるだけ手短に簡潔にまとめる必要がある。

これらの対処方法を踏まえたうえで、過剰に表現が萎縮をしないようにすることが重要である。無論、不快にさせるような表現や、捏造は控えるべきだが、必要のないものまで控えてしまうと、中庸的な表現しか展開できなくなってしまう。

第7章　情報社会のビジネスの根底にある「データ」

FSP-Dモデルを支えるデータ利活用

∇データはビジネスの土台

これまで「フリー（Free）」「ソーシャル（Social）」「価格差別（Price discrimination）」それぞれのビジネスモデルについてその特徴と、導入する際の戦略について述べてきた。これら3つは単体で採用してももちろんビジネスをアップデートし、情報社会で中長期的に発展するビジネスを展開することが可能である。しかし、有機的に組み合わせることによって、相乗効果でより一層の高い収益を見込むことが可能だ。

そして、この第7章で取り扱う「データ（Data）」とは、これら3つを支える土台となる戦略である。

ＦＳＰを採用していてデータをビジネスに活かさないということはほとんどあり得ないといって良いほど、今日先端的にビジネスをしている企業は当たり前のようにデータを利活用している。

その理由としては、ＦＳＰとＤのあまりに高い親和性が挙げられる。

▽データ分析があるからフリーで収益化できる

まず、フリーについては、基本無料のビジネスモデルで重要な収益源は広告である。しかし、テレビのようなマスを対象としたかなり粗い広告配信では、マスメディアと同等に閲覧数を稼げる一部のネットメディアを除いて、ビジネスを成立させることは非常に難しい。

そこで出てきたのがターゲティング広告である。消費者の属性だけでなく、ウェブ閲覧履歴やショッピング履歴など、さまざまなデータを分析することで、その人に合った最適な広告を表示する。そのように配信をすれば、同じページビュー数でも広告クリック率が大きく異なって、広告単価が上がる。それで途方もない収益を得ているのがフェイスブックやグーグルといった巨大企業なのである。

また、フリーミアムなビジネスモデルを採用している場合には、「無料ユーザはどのような場合に有料ユーザになるのか」というのは非常に重要な関心事である。これを知るためにもデータは大いに役に立つ。何せ、あなたのサービスが抱えるすべてのユーザの行動があなたの手元にあるのである。その中にはすぐに有料に移行した人もいれば、かなり無料で利用した後に有料に移行した人もいるし、有料に移行した後無料に戻った人、そもそも有料に移行したことがない人、さまざまな人がいる。

これらのデータを適切に分析することで、有料プランと無料プランでどのように差別化したサービスを提供すれば収益を最大化することができるのかといったことや、どのようなキャンペーンを打てば有料に移行してくれるのかといったことを把握することができる。

さらに、あなたのサービスで収集されたデータは、他社ではまた違う価値を生み出すかもしれない。データそのものを他社と共有して収益を上げるというビジネスは大いに考えられる。実際、ツイッターはそれによる収益を拡大する一方であるし、ヤフーは「ヤフー・データソリューション」というサービスを企業向けに提供し、グループのさまざまなサービスのデータを使って、ほかの企業や自治体にソリューションを提供している。

▽ソーシャルとデータ分析には相乗効果がある

第5章で見たとおり、ネットワーク効果の働くサービスでは巨大化が起きやすい。このことは、それだけ多くのユーザを抱えることで、ビッグデータを分析できるようになるポテンシャルがあることを示している。

データが増えれば、それだけ人々の傾向を明らかにすることができるだけでなく、ごく少数の外れ値の行動メカニズムまで把握することができるようになる。たとえば、ごく一部の熱心なユーザはどのような行動をとっているのか、どういう属性なのか、どういう広告に反応するのか……そのような特徴をつかむことで、より効率的な消費者へのアプローチが可能になる。

また、人々のつながりや交流のあり方を分析することで、効果的なバイラルマーケティングを可能とする。バイラルマーケティングは導入のハードルは低いものの、実施したからといって必ずしも効果を得られるものではない。消費者がどのような交流をして、どのように情報が広がるのか、どのような反応を示すのかといったことを分析することで、マーケティングの質を向上させて行くことができる。

▽適切な価格戦略はデータが明らかにする

価格差別において難しい点は2つある。まず、品質の適切な差別化である。複数の価格を用意するということは、それだけ差別化されたサービスを提供する必要があるわけだが、これは消費者が自社のサービスの何に価値を見出していて、どこにお金を払っても良いと考えているのか分析しないと、適切な差別化ができない。

もう1つは、適切な価格設定である。経済学の理論的には利潤を最大にする価格設定というのは必ず存在するはずだが、やみくもに何となく価格を設定していては、そのような価格は永遠につけることはできないだろう。また、利潤最大化どころか、ユーザ離れを引き起こすかもしれない。

そのようなときに欠かせないのがデータ分析だ。ユーザの動向を分析し、何に価値を見出しているか明らかにすることで適切な価格設定を探って行く。価格設定後もデータを分析し続けることで価格やサービス内容を調整するといったことは、近年のサービスでは当たり前のようにやられていることだ。

また、価格差別には、第4章で見たような「課金疲れ」のリスクもある。どのようにすれば消費者が継続的な利用をしてくれる価格づけを実現できるのか、という視点でも、データ分析が大いに貢献する。

業種を問わず到来するデータ利活用の波

▽製造業のデータ利活用――インダストリー4・0

「データ利活用など、一部のネットサービスの話だ」

そのように思う人もいるかもしれない。しかし、「データは第二の石油である」という言葉が示すように、情報社会においてデータ利活用の波は、業種を問わず到来している。もちろん従来型の製造業もその例外ではなく、ありとあらゆる製品のデジタル化が進み、そのデータが製品・サービスの改善や質の向上に活かされているのだ。

ドイツで2011年に発表されたインダストリー4・0（Industry4.0、第四次産業革命）の構想もこの方向に沿ったものであり、製造業のデジタル化を推進し、生産・流通コストの削減を目指している。[18]インダストリー4・0を推進することで、10％〜30％程度のコスト削減が実現するといわれている。

ドイツでこのような構想が立ち上がった背景はいくつもあると考えられるが、製造業がGDPに占める割合が日本と同様に高いことや、輸出立国といわれるほどGDPに占める輸出の割合が非常に高いこと、中小企業がそれを少なからず支えていること、米国IT企業が製造業に参入してくるのに危機感を覚えたことなどがあるだろう。[19]こうしてみると、状況・危機感が日本に非常に似ていることがわかる。

このインダストリー4・0にはさまざまな狙いがあるが、主に次の3つがある。

①製品のライフサイクルを通じたバリューチェーン（事業活動のどの部分で付加価値が生まれているか）全体の制御と新たなビジネスモデルの確立
②製造現場の人間と機械が1つのシステムとして最適に機能し、低コストと省エネ生産を実現
③すべての情報のリアルタイムでの処理と生産に最適なタイミングでのデータ反映

特徴としては、「考えるコンピュータ」を想定していることで、たとえば製造ラインを流れている組み立て中の製品が自分に足りない部品が何か考えたり、在庫の減り具合を考慮して自動でメー

カーに発注作業を行ったりするなどのことを実現して行く。これを実現するのは、まさにデータ分析である。

また、CPS（サイバーフィジカルシステム）を導入したスマートファクトリーの実現も目標としている。CPSとは、現実（フィジカル空間）にあるさまざまなデータをセンサーなどで収集して定量的に分析し、社会システム効率化や新産業創出を行って産業活性化や社会課題の解決につなげようとするシステムのことである。ここでも、製造業でありながらもはやデータ分析を前提とした構想となっていることがわかる。

∇農業もデータ利活用の時代へ――スマート農業

もちろんデータ利活用、スマート化が進んでいるのは製造業だけではない。最も自然に近い産業である農業ですら、近年では急速なIT化とデータ利活用が進んでいる。

「スマート農業」という単語を耳にしたことのある人も多いだろう。スマート農業とは、ロボット技術やITを活用して、省力化・精密化や高品質生産の実現などを推進している農業のことを指す。

18 このように「第四次産業革命」といわれる場合の第一次産業革命とは、ワットの蒸気機関改良を皮切りに水・蒸気を動力源とした機械を用いた生産が始まったことを指し（一般的にいわれる産業革命）、第二次産業革命は電力へのエネルギー転換と分業化、第三次産業革命はIT・コンピュータを使った自動化を指す。

19 実は、ドイツの輸出依存度は日本と比較して非常に高い。何とGDPに占める輸出の割合は、日本が15％ほどなのに対し、ドイツは45％にも達する。

作業記録の収集・共有、画像認識技術とデータ分析による病害虫の発生検知、農業機械の自動運転化などがすでに実現しており、政府も農業ＩＴに関する研究センターの創設、スマート農業を含んだ教育、実証実験など、さまざまな形で農業ＩＴ化促進に向けて力を入れている。

たとえば、北海道のきたみらい農業協同組合と北見ＧＰＳ研究会では、ＧＮＳＳ（衛星測位システム）によるガイダンスと自動操舵システムで、測位精度±２cmのトラクター誘導走行を実現した。その結果、各種作業時間が65％〜80％に短縮されただけでなく、精度の高い均平作業により湿害の発生を軽減し、品質の向上にもつながった。さらに、未熟練者による作業が可能となったことで、人手不足の解消につながることも期待されている。

また、兵庫県のコウノトリ育む農法では、稲作において水管理システム・センサー「MIHARAS」を導入している。このMIHARASを圃場に設置することによって、逐一スマートフォンに水位や水温、地温といった情報が送られてくるため、水田を見回りする作業が省かれる。水管理作業は稲作の労働時間の約50％を占めるともいわれているが、センサーを導入したことにより、圃場見回り回数が導入前の１／３に減少した。利用者は皆「作業負担が減り、とても助かっている」と述べている。

このように、農業の現場でも近年では次々とＩＴ化やデータ分析が導入されてきているのだ。そして、最近になってスマート農業が着目されるようになったのは、海外ですでに非常にＩＴ化が進んでいることもあるが、もう１つ、日本の農業が抱える農業の担い手不足と従事者の高齢化という深刻な問題がある。

実は、筆者らの研究チームが情報産業振興議員連盟情報産業研究会と共に実施した調査研究において、コーホート変化率法（各世代の将来の人口を過去の世代の変化率の実績から予測する方法）を用いて農家人口の予測をしたところ、日本における基幹的農業従事者（農業就業者のうち、ふだんの主な状態が「主に自営農業」の者）は、2015年の175万人から、2040年には55万人（約30％）まで減少することが明らかになった。

このことは、すでに低い食糧自給率が、さらに低くなる可能性を示唆している。今当たり前のように我々の食卓に並んでいる日本産のお米や野菜が、市場から消えてしまう可能性があるのだ。

さらに、グローバルな危機が起こったときには、どの国もまず生産した食料を自国で消費することを優先する（2020年現在発生している新型コロナウイルスでもリスクが指摘されている）。危機の内容によっては、日本人の大半がまともに食事にすらありつけず餓死するなんてこともあり得るのだ。

このような状況を打開するには、少ない労働力でも多くを生産すること、つまり生産性の向上が必要である。スマート農業が注目される理由には、ドイツのインダストリー4・0と同じように、産業全体の大きな危機感があったのだ。

しかしながら、日本の農林水産業におけるIT資本装備率は、ほとんど変化がないまま推移してきた現実がある。具体的には、内閣府の発表によると、2010年におけるIT資本装備率は、1995年の1・2倍程度の成長に留まっている。この間、米国では何と7倍以上に増加しているのである。

しかし農業におけるＩＴ利活用は非常に効果が大きい。その生産性への影響を、先述の筆者らの研究の中で実証分析している。分析では、450名の稲作従事者を対象としたアンケート調査データを用いて、生産関数[20]を推定した。その結果、「労働時間」「機械台数」「作付面積」が一定であっても、ＩＴを導入すると販売金額が32・5％も増加することが明らかになったのである。

ＩＴ化・データ利活用の波はすでに農業にも浸透しはじめており、それは高い効果を上げることもわかっている。データ利活用は一部のネット企業での話と考えるのではなく、自社のビジネスで今すぐ取り組むべき戦略といえる。

データ利活用できない日本企業

∇やらなければいけないとわかっていても進まない

データを分析して消費者のニーズを明らかにしたり、適切な広告配信戦略をとったり、経営方針を定めたりといったことは、実にさまざまな恩恵を企業にもたらす。東京大学教授の元橋氏は、データ利活用による恩恵を「コスト削減」「顧客開発」「製造プロセス改善」「既存製品改良」「業務革新」の5点で整理している。

さらに、データ利活用に期待されているのは経済的な面だけではない。先進国を中心に少子高齢化や都市への人口集中が進む中、それらに伴う社会的課題を解決するためにも、適切なデータ収集と分析によるイノベーションが不可欠になってきている。

このような状況の中、「情報社会においてデータを利活用して日本企業の競争力をどのように高めるか」といった問いは、極めて重要なトピックであり、企業だけでなく日本政府の関心も高い。

実際、自民党経済成長戦略本部が発表した「『令和』時代・経済成長戦略」では、成長戦略の目指すゴールとして掲げられている内容4つのうち2つに、次のようにデータという単語が入っていた。

・第4次産業革命において最大の資源となる「データ」を利活用できる環境をいち早く整備、世界に先駆けてイノベーションを生み出し、よりスマートで豊かな暮らしを実現し、地球環境問題や高齢化などの世界的課題を解決する。
・国際社会において、我が国が先導役として取り組むことで、プライバシー保護と自由なデータ流通を両立させ、民主主義の持続可能性を確保する。

しかし、このように情報社会化が進んでいるにもかかわらず、日本ではデータ利活用があまり進

20　生産関数とは、資本や労働といった生産要素と、生産量の関係を表した関数である。

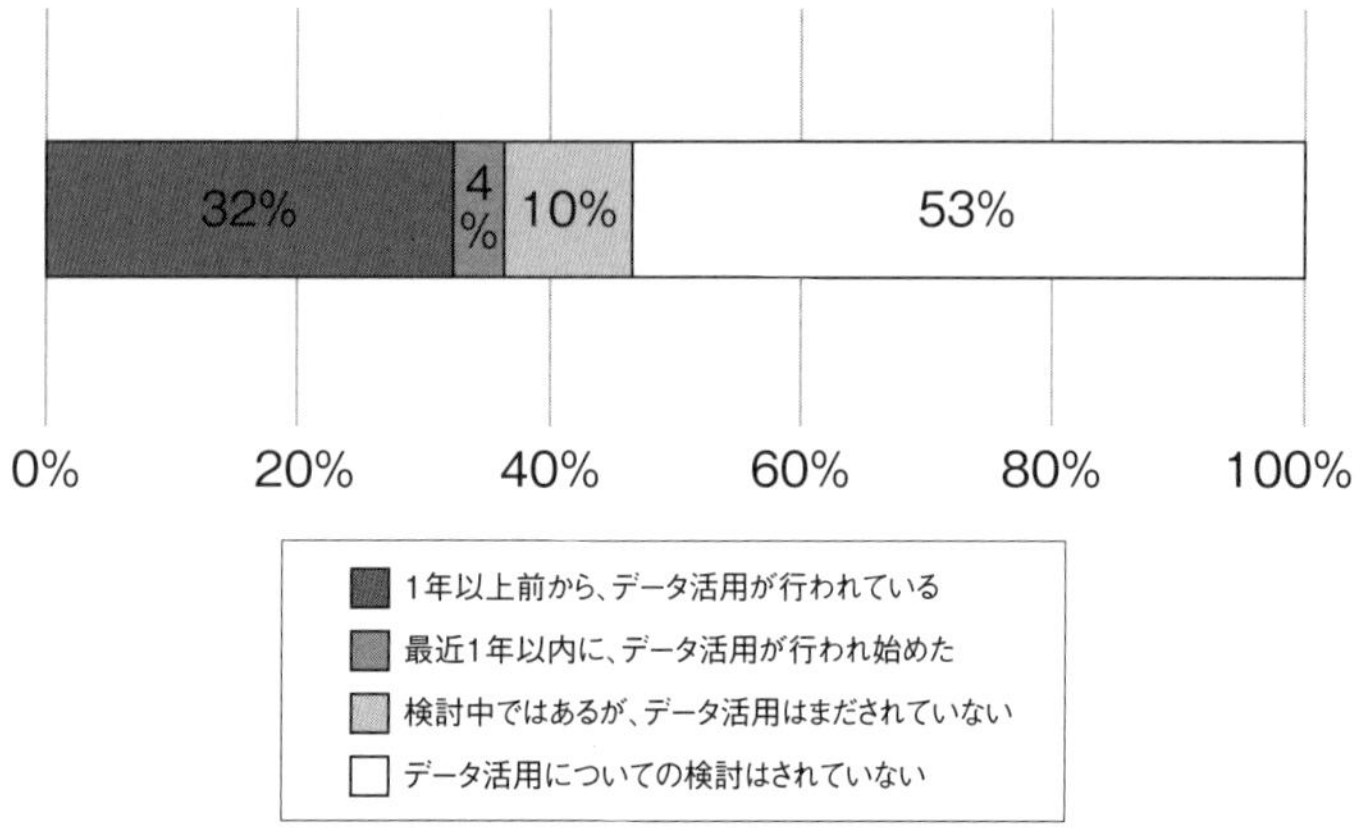

図7-1　日本企業のデータ利活用状況（出典：調査結果より筆者作成）

んでおらず、世界的に見ても大きく後れをとっているという現状をご存じだろうか。

筆者は、データ社会における日本企業の戦略を検討するため、２０１８年に会社員（正社員・役員）約１万名を対象にした大規模アンケート調査データを基にさまざまな分析を行った（ただし、売上のない企業の社員と公務員は除外）。

その結果わかったことは、データ利活用を現在している企業はわずか36％しか存在しないということであった。さらに驚くべきことに、半数以上の企業は、データの利活用を検討すらしていなかったのである（図７-１）。ただし、調査の際には、データ活用を以下のように定義して回答者に示している。

「本調査において、データ活用とは、ＰＯＳデータやＳＮＳデータ、位置情報、カメラの映像など企業にあるデータを用いて、業務を効率化したり、新事業・新サービスの開発、顧客分析、経営方針の作成など企業の活動に活かしたりすることを指します。たとえばスマホでの購買履歴から新商品を企画したり、取引データから営業・在庫管理を改善したり、顧客からの問い合わせ音声記録を分析して経営方針に反映させたりします。GPSデータや監視カメラ映像を使うこともあります」

このような研究結果は、ほかの調査でも明らかになっている。三菱総合研究所が２０１７年に発表した、IT関連業種の従業員数１００名以上の企業を対象とした調査では、日本企業のデータ利活用率は約50％に留まっていた。IT関連業種に絞り、なおかつ中規模以上の企業を対象としているにもかかわらず、約半数しかデータ利活用していないのである。一方で、米国とドイツでは約70％と、日本より20％ポイントも高い水準であった。

▽ビジョンあって初めて進むデータ利活用

なぜこのように、情報社会が進展しているにもかかわらず日本ではデータ利活用が進んでいないのだろうか。良く指摘されるのが、データ分析人材が不足していることや、「ビッグデータから価値を得る方法がわからない」「データの活用による費用対効果がわかりにくい」などの知識不足である。

その理由を検証するため、先ほどのアンケート調査において、データ利活用の妨げになっている要因について主観的な評価を回答してもらった（複数回答）。その結果、「分析する人材・知識が不足している」（31％）よりもさらに高い割合で、「データ活用について、経営方針・戦略が具体的に定まっていない」(49%)があり、突出して高い値となった。つまり、データ利活用について具体的に何をどうして、それによって何が得られるのかが不透明なので手がつけられていない状態なのである。

そしてここが、実は非常に重要なポイントである。筆者がデータ利活用に関して研究や企業の方とお話をする中で、良く聞くのが「上司から『とりあえずデータを使って何かできないか』といわれて困っている。どうすれば良いだろうか」というものだ。その上司はおそらく、昨今のAIやビッグデータの流行りを勉強して、乗り遅れてはいけないと思ったのだろう。新しいことを取り入れて行こうという姿勢は素晴らしいことである。

しかし、忘れてはいけないのは「データ分析は手段にすぎない」ということである。ある目的を持ってデータを適切に収集し、それを適切な知識と手法で精緻な分析をしたうえで、さまざまな知識や要素と掛け合わせながら解釈して初めて価値を生み出す。

「大量のデータがあるからここから何か分析してみてくれ」というのでも何かの傾向をつかむことはできるだろうが、それがビジネスに大きな価値を生み出す可能性は低い。結局、データ分析というものは、データ収集の設計、さらにそれに至るまでの事前調査からすでに始まっているのである。

それを踏まえたうえで、情報社会において経営者に求められるのは、「データ分析を手段の1つとしてとらえ、適切な経営方針・戦略を具体的に定めること」である。そしてそれを実践するためには、最低限のデータ分析に関する知識（どういうデータ分析をするとどういうことがわかるのかという方向性・特徴に関する知識）と、定量的に何かを見る統計・数理マインド、そして明確な経営ビジョンを持つ必要がある。また、他企業のデータ活用事例を多く学ぶことからもヒントを得ることができるだろう。

誤解しないでいただきたいのは、「経営者もデータ分析できなければいけない」というわけではない。あくまで、統計的手法の特徴を把握したうえで、分析結果を適切に経営に活かすマインドを持つということである。

また、2番めに高くなった「分析する人材・知識が不足している」については、そのように感じる理由がエビデンスとしてある。実は日本においてデータ分析人材が足りないことはすでに多くの文献で指摘されているのだ。

マッキンゼーが2011年に発表したレポートによると、日本においてビッグデータを分析する人材は、米国や中国に比べて著しく少なく、英国、フランス、イタリアと比べてもかなり少ないようだ。さらに、データ分析の訓練を受けた大学卒業生の人数も、2008年時点で米国約2・5万人、中国約1・7万人、インド約1・3万人、ロシア約1・2万人……と続き、日本はたった約3400人と極端に少ないことがわかっている。それから12年経って、本書原稿を執筆している2020年には、データ分析人材の差はさらに広がっているだろう。

加えて、日本特有の問題として、IT人材・データ分析人材を外部の組織に依存しており、基本的に受託契約によって開発などが進められているという問題もある。図7−2は各国におけるIT

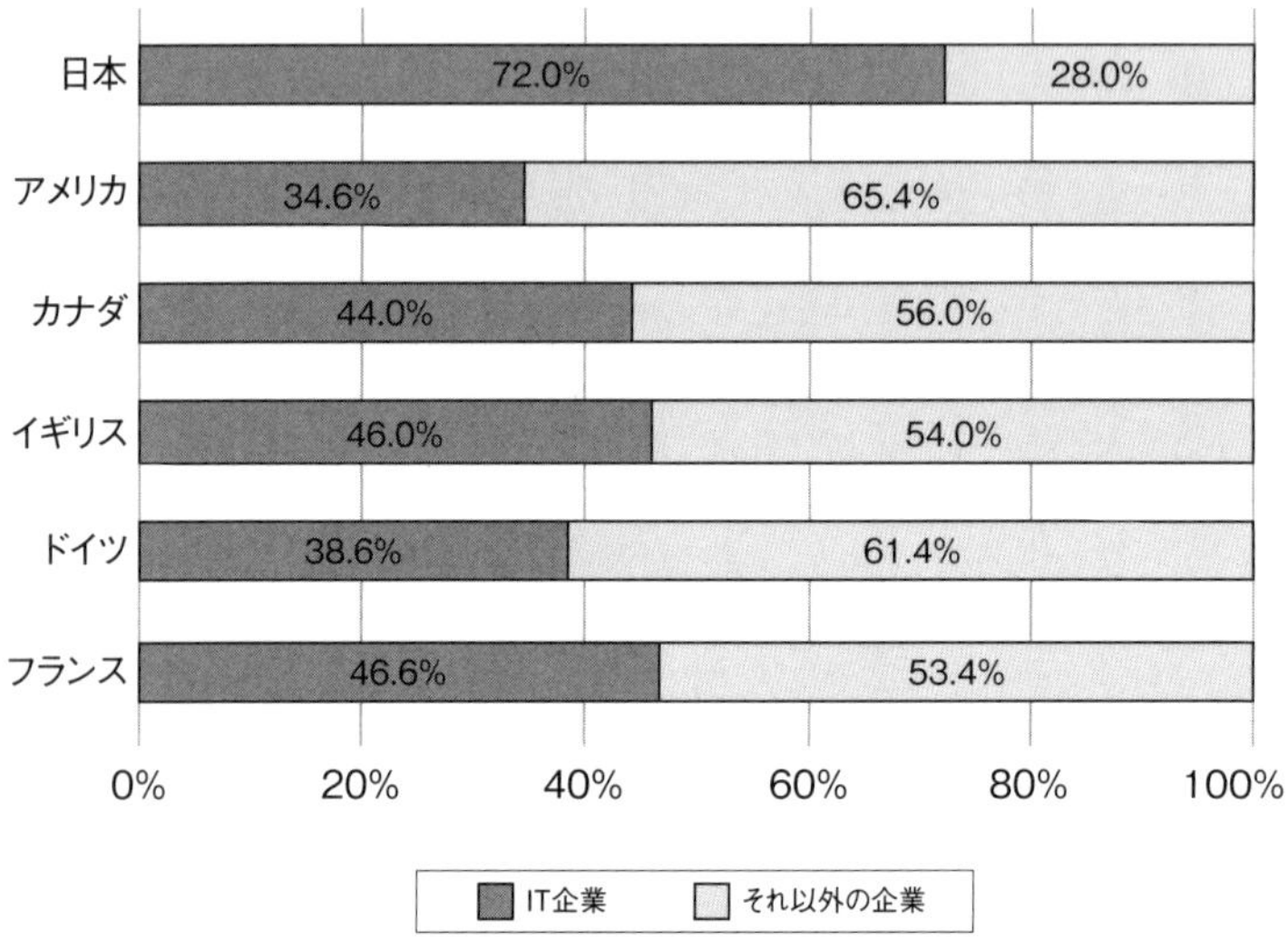

図7-2　企業における情報処理・通信に携わる人材の割合（IT企業かどうか別）
（出典：経済産業省の資料より筆者作成）

人材がＩＴ企業とそれ以外の企業のどちらに所属しているのかを描いたグラフである。

グラフを見ると一目瞭然であるが、欧米ではＩＴ人材はＩＴ以外の企業にも多く存在する一方で、日本では実に7割以上がＩＴ企業に集中している。これが示しているのは、ＩＴ以外の企業ではほとんどＩＴ人材を抱え込まず、ＩＴ系の仕事はすべて外部に発注しているという事実だ。データ分析人材に絞った統計データはないが、ＩＴ人材とデータ分析人材はそもそも接続するものであり、およそ同じような状況といわれている。

このような状況は、近年様々なひずみを生み出している。まず、受託契約となるため、ＩＴやデータ分析に精通している受託企業が、そのような知識に乏しい委託企業の要望に添ったことしかできない。受託企業側も、委託企業の業務や市場環境についての知識に詳しいわけではないため、提案できることも限られる。

これではイノベーションを起こすことは難しい。しかし、これらの人材を内製化していれば、詳細な業務内容や市場環境に関する認識が共有されているので、きめ細かな改善や思い切った施策の提案も可能だ。

データ分析を外部にお願いすることのデメリットとしては、個人データの扱いの問題も非常に大きい。人々の記憶に深く残っている事例としては、ＪＲ東日本が乗降履歴を日立製作所に販売しようとした際に、個人情報保護の観点からさまざまな批判が上がったというものがある。

これについてはさまざまな意見が交わされたが、そもそも何万人もの社員を抱える大企業であるＪＲ東日本に、乗降履歴を適切に分析してイノベーションを起こせる人材が豊富にそろっていれば、第三者提供などというリスクをとる必要はなかっただろう。

「協調」「創造」の企業風土がイノベーションの源

▽生産性・創造性の鍵「心理的安全性」

情報社会のビジネスにおいて、データを使って適切に戦略を立てられるようにするためには、「経営者」「データ分析人材・知識」だけでなく、もう１つ、「組織風土」が重要な意味を持っていることが、最近の研究でわかってきている。

その研究成果を話す前に、生産性・創造性と企業文化の関係について述べておきたいと思う。グーグルが2012年から着手した労働変革プロジェクト「プロジェクト・アリストテレス（Project Aristotle）」による実証実験では、「心理的安全性（psychological safety）」が生産性を高める重要な要素の1つであることが明らかになった。

心理的安全性とは、ハーバード大学教授のエドモンドソン氏が提唱したもので、チームメンバー1人ひとりが、不安や恐れを感じることなく気兼ねなく発言や質問ができ、本来の自分をさらけだせるような場の状態や雰囲気のことだ。

そして、筆者らの研究チームが、オフィスメーカーのイトーキと共同で研究した際には、心理的安全性は生産性だけでなく、創造性にも非常に強い影響を与えていることがわかったのだ。具体的には、チームの創造性決定要因モデルを構築し、チーム構成者の年齢、目的、総員数、女性比率、チーム期間などをコントロールしたうえで、心理的安全性が創造性に与える影響について定量的に検証した。

その結果、心理的安全性は創造性に対して、さまざまな要素（年齢、女性比率、コミュニケーション量など）の中で最も大きな影響を与えていたのである。数字でいうと、心理的安全性が最高のチームは、最低のチームと比べて創造性ポイントが実に50点以上高くなることがわかった（100点満点で）。

この心理的安全性が高いということは「ミスをした場合非難されることが少ない」「安心してリスクをとることができる」「仕事をする中で、私個人のスキルと才能は、尊重され役に立っている」などの特徴を有することを示している。つまり、心理的に安全で、リスクをとることができ、失敗しても非難されにくい環境にいることが、試行回数を高め、ひいては創造性を高めるといえる。

この結果は、データ利活用など新たなことに取り組んで新たな価値を生み出して行くという企業活動に際しては、トップダウンで何かを強制的にやらせるよりも、心理的に安全な組織風土の方が適しているということを示唆している。

▽企業風土はデータ利活用とも関係している

では、企業風土とデータ利活用行動にはどのような関係があるのだろうか。筆者は、図7－1のときのアンケート調査データを使い、その関係を定量的に検証した。

ただし、組織風土には、ミシガン大学教授のキャメロン氏らが作成した、OCAI（Organizational Culture Assessment Instrument）と呼ばれる指標を使ったので、簡単に内容を記載しておこう。この指標では、組織には以下4つの文化が存在するとしている。

①クラン文化（協調）：意欲、品質、教育などの度合いを基準にしている組織。協調性を重視。
社員全員が同じ価値観や目標を共有し、一体となっている。

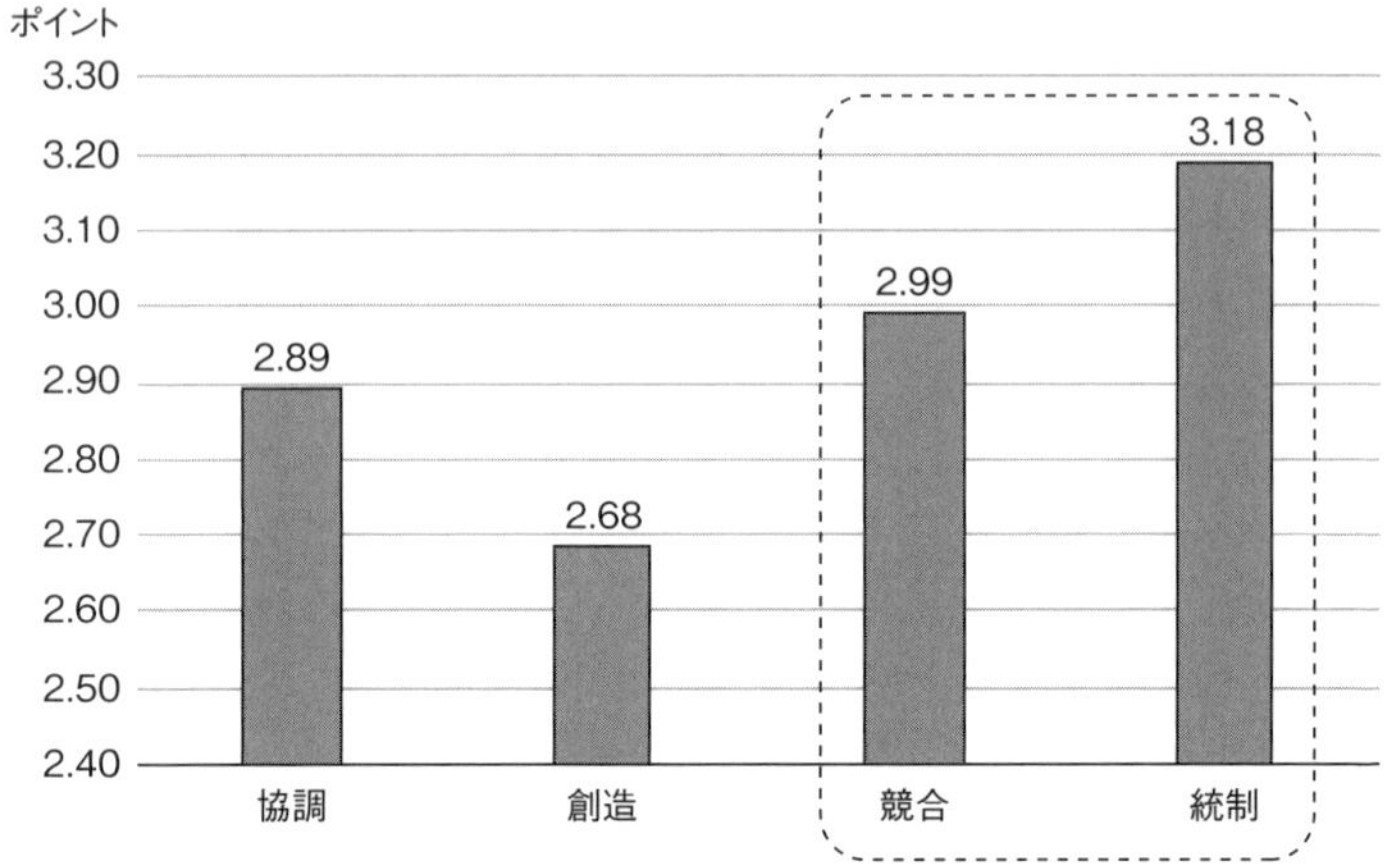

図7-3　日本企業の組織文化

②アドホクラシー文化（創造）：組織の適応力や革新性がどのような状態なのかを基準にしている組織。未来に備えるための新商品や新サービスの開発を重視。

③マーケット文化（競合・競争）：利益、目標、効率などの度合いを基準にしている組織。生産性や競争優位性重視。組織内部の管理を重視したうえで、つねにほかの組織との相対的な位置づけや関係を明確にして高い収益性や目標達成のための競争優位性を確保する。

④ヒエラルキー文化（統制）：規則や方針によって問題を起こすことなくスムーズに仕事が進むことを重視する組織。

日本企業にはどのような文化が多いだろうか。日本企業全体の実態をつかむために、各組織風土ポイントの平均値を見たのが図7－3である。点数は5点満点であり、点数が高いほどその風土になっていることを示している。

図からは、日本企業には「競合」や「統制」といった文化が強くある一方で、「協調」や「創造」といった文化が低い傾向がわかる。伝統的な統制的・官僚的な文化や、競争を重視する文化が日本企業に多いといえる。

そして、組織文化がデータ利活用行動に与える影響について定量的な分析をした結果、組織文化とデータ利活用に興味深い関連性が見られた。それは、「協調」「創造」を重視する組織文化であると、データ利活用が進んでそれによる恩恵を受けられるというものである。

数値としては、協調文化・創造文化共に、ポイントが1点増えるとデータ利活用で効果を得られる確率が6％増加するというものであった。つまり、最も協調を重視しない（協調が1点）文化の企業と、最も協調を重視する（協調が5点）文化の企業とでは、データ利活用に取り組む確率が24％も異なるということである。日本企業のデータ利活用率が36％であることを考えると、この差は非常に大きい。

FSP‐Dモデルのように、データ利活用によってイノベーションを起こして情報社会に対応できるビジネスを展開したいなら、「協調」「創造」を重視する文化とし、皆で同じビジョンを共有したり、新しいことや開発を重視したりする組織文化にしなければいけないのである。日本企業に足りないこれらの文化を醸成することが、これからのデータ社会でのビジネスには求められているといえよう。

データ利活用における「三本の矢」

これらの事実を踏まえると、日本企業が今後データを利活用してビジネスを発展させるためには、次の3点が必要だろう。

∇データ分析人材の内製化が成長と低リスク化の鍵

データ分析人材の需要が高まる中、世界中で人材不足が指摘されているが、とりわけ日本の置かれている状況は深刻である。日本は、経営判断や政策判断などあらゆる点においてデータよりも経験則を重視する文化が強く、これまでデータ分析人材を求めてこなかったために、データ分析に携わろうという若者も多くなかった。

しかし近年、急速にそのマインドが変わりつつあり、筆者が教えている学生たちの中にもデータ分析に関心を持っている者が非常に多くなっている。そして、データ分析や統計学を学ぶことは、ただデータ分析人材になれるということではなく、仮にならなかったとしても「数値でものを考える」というマインドセットそのものを学ぶことにもつながる。

政府や教育機関は、引き続きこの流れを加速してデータ分析人材の育成に力を入れて行くと同時に、企業もそういった人材を適切な待遇と役割で迎え入れ、データからイノベーションを起こして行く体制を整えて行くべきだろう。

また、とりわけデータを使ってビジネスをする際には、データの扱いが非常に重要になる。データの扱いを誤ったために批判が集中し、ビジネスができなくなった例は数知れない。リスクを最小限に留めるためには、自社でできる範囲のことは自社で完結させるべきである。データ分析を外に委託するのではなく、自社内でできる体制を構築しておくのが、リスク軽減にも価値創造にも、つながって行くと思われる。

∇経営者がデータ分析に関するビジョンと知識を持つ

データ分析はあくまで手段にすぎない。情報社会において適切な経営戦略・ビジョンがあってこそ、初めてデータ分析は生きてくる。ビジョンのないままに「データで何かできないか」というのは愚問である。そのようなビジョンを描くためには、経営者もデータ分析に関する知識と、そのうまい解釈ができるような多角的な視点を持つ必要がある。

このようにいうと、経営者がデータアナリストでなくてはいけないと誤解する人もいるかもしれないが、そのようなことはまったくない。データ分析というのは、大きく「データ収集の設計」「データ分析手段の選択」「データ分析結果の解釈」の3つに分けられる。重要なのは、それらの手法の特徴や結果の見方を正しく理解しておき、幅広い経営的視野から適切に選択と解釈をできるようにしておくことである。

また、とりわけベンチャー企業の経営者はそのようなマインドを持っていることが多い。日本ではベンチャー企業が立ち上がりにくく、出資を募るのも難しいといわれるが、そのような環境を変え、ベンチャー企業が活躍できるような産業構造にして行くことが必要だろう。そして、大企業も、優れたベンチャー企業と「対等な立場で」積極的に連携して行くことが望まれる。

▽協調的・創造的な組織文化を醸成する

伝統的な「統制」的な組織文化を変え、「協調」「創造」を重視するようにする――文字にすると簡単そうであるが、実際に取り組むとなると多くのハードルがあるだろう。そこで、まず何から手をつければ良いかをここで述べる。

第一に、リスクを許容し、創造性を評価するような人事評価制度にする。日本の大企業では、売上が短期的に大きく立ちそうにないものや、リスクの大きいものについては、承認プロセスのどこかで却下されることが多い。

創造的な組織にするには、リスクが高くても将来性のあるものを見極め、適切に承認することが求められる。また、創造性を評価するとなると、単純に量だけでは測れないものも多い。人材の特色を把握し、それぞれに適切な評価制度を設ける必要がある。

第二に、社員の新陳代謝を良くし、組織全体として保守的にならないようにする。終身雇用システムの場合でも、単純な年功序列をやめ、そのぶん新人の待遇を良くすることで、質の良い新人をつねに採用し続け、新陳代謝を良くすることが可能である。また、部署間や他企業との交流も新陳代謝に寄与するだろう。そのように新陳代謝を良くすることが、創造的な組織文化を醸成して行くことにつながる。

第三に、適切にコミュニケーションをとるようにする。コミュニケーションがチーム・組織における協調性や創造性を高めることは、さまざまな研究が示している。

しかし、ただコミュニケーションを多くとろうと会議ばかりしても効果はない。重要なのは、目的を明確にすると同時に、心理的安全性を確保して、年齢や性別に関係なく誰でも自由に発言できる空気をつくることである。組織にいる1人ひとりを尊重したうえで、コミュニケーションを適切な量とることが大事なのである。

既存ビジネスをFSP-Dモデルで再構築したら

∇農業をFSP-Dモデルで再構築したら

ここまでデータ利活用という視点でビジネスをどう発展させるか見てきた。しかしそれと同時に、ビジネスという観点からデータ利活用を見て、既存ビジネスをＦＳＰ－Ｄモデルでとらえなおすことでもまた、やるべきことが見えてくる。

たとえば、農業とＩＴ化・データ利活用――スマート農業――の話をした。農業は家族経営の農家が未だに中心を担っており、財政基盤が貧弱な経営体が多い。そのような農家に対しては、ＦＳＰ－Ｄモデルの「フリー」という要素の親和性が非常に高い。実際、調査でも農業経営体がＩＴを導入しない理由として、「お金が高い」や「費用対効果がわからない」といったものが非常に多かった。

そこで、栽培管理や業務管理のサービスは基本無料で提供して、付帯サービス（適したタイミングでの収穫や病気予防のためのコンサルティングなど）を有料で提供するというビジネスモデルが考えられる。そして、収集したデータを分析して、コンサルティングの精度向上や新たに農業を始める際のノウハウづくり、海外への知見輸出などでより大きな収益を狙う。

無論、農業は地域的特性に依存するため、１か所から普遍的なデータを取得してほかに活かすのは難しい。しかしそれも、フリーを武器に日本全国の広範囲でデータを取得すれば、地理的環境をモデルに組み込むことで、ある程度汎用的な生育予測モデルや病気予測モデルを構築することができるだろう。

また、残念ながら日本の農業の現場ではＩＴ化が遅れている事実があるが、それは逆にまだ分析されていないデータが膨大に放置されているということも意味している。つまりブルーオーシャンであり、今後大きなビジネスチャンスが存在している可能性がある。とくに日本は中山間地の狭い農地を多く保有している一方で、北海道では大農法を実施しているという、非常にバラエティに富んだ農業環境にある。得られた分析結果は、他国での農業コンサルティングにも活かせるかもしれない。

▽製造業をFSP-Dモデルで再構築したら

インダストリー4・0を紹介した製造業についても、日本もドイツ同様に多くの中小企業が製造業全体を支えているといっても過言ではない。そのような中小企業もやはり財政基盤は貧弱であり、基本無料と相性が良い。

工場センサーから得られたデータを管理するツールや人材管理ツールを基本無料で提供し、多数の工場から得たデータからより効率的な運営について分析して知見を販売して行くというビジネスが考えられる。これはコモディティ化が進んで価格競争ができなくなり、ビジネスモデルをサービス中心に切り替えているミシュランの戦略に近い。

いずれにせよ、このようにビジネスをFSP-Dモデルで再構築し、継続的にデータを分析して、それを理解することやコンサルティングすること／されることを考えて行くならば、自ずと前述した三本の矢は実現されて行くはずである。

つまり、継続的にデータ分析が必要になれば、データ人材の内製化は進むだろうし、採用・育成すべき人材像も明確になるだろう。また、経営者も大なり小なりデータ分析の知識をある程度有しておく必要がある。

そして、データはつねに変化し、新しいビジネスチャンスを生み出してくれるものであるため、これまでの閉塞的で変化のない組織風土ではなく、創造性を重視する組織風土が求められるようになる。

このように、FSP-Dモデルはまったく新規ビジネスとして立ち上げようとしなくとも、既存ビジネスを本書でいわれたような特徴を意識してとらえなおすことで、情報社会で成長できるビジネスとして実現可能なのである。

情報社会のビジネスの鍵は「信頼」

▽消費者からの信頼を勝ち取る

忘れてはいけないのは、このようにデータ利活用が基本になるような時代においては、ビジネスにおける重要な要素として「信頼」があるということだ。

情報社会以前の製造業が中心だった時代では、製品の機能的な品質=信頼であり、物を使うということは、自分の何かを預けて行うものではなかった。しかし情報社会、データ社会においては、サービス利用において、自分のデータという、ある種自分自身・人格ともいえる極めてセンシティブなものを企業に預けることになる。そのため、そのサービスが魅力的かどうかとは別に、そのデータを適切に使ってくれるか、セキュリティは大丈夫かといったことが、サービス選択のうえで重要になってくる。

近年、データ利活用に関するさまざまな問題が報じられている。2018年にはフェイスブックで5000万人分の個人情報が流出したという事件があった。日本でも、就職情報サイトのリクナビが、ユーザのデータから内定辞退率を予測して、ユーザへの告知なしに他社に販売していたことが大きな社会的関心を集め、批判にさらされた（2019年）。

このような事件から、企業のデータの取り扱いに関する消費者の目は厳しいものになってきている。実際、リクナビが内定辞退率予測・販売をしていた件で、厚生労働省の労働局による調査対象となる旨が報じられたリクルートホールディングスの株価は、一時、5％超安の急落となった。

しかし同時に、データ利活用について消費者自身にもメリットがある。それは、パーソナライズされたニュースコンテンツ、広告、フィットネスなどのサービスを受けることができたり、メルカリなどのサービスで個人情報を提供することで取引がスムーズにできるようになったりと、データ提供によって我々が受けているメリットもまた大きい。

そして、プライバシーに関する研究では、事業者評価がプライバシー懸念に影響を与えており、評価が高くなればパーソナルデータの開示が促進されることが示されている。信頼される企業になれば、消費者自身がむしろ率先してデータを提供するようなこともあり得るのだ。データ利活用と消費者保護・消費者の効用はトレードオフの関係ではない。

実際、近年ではプライバシー保護の観点から、「利活用はするができるだけ個人のデータを保有しない」というデータミニマイゼーションの流れもできている。これはデータ利活用の終焉を意味しているのではなく、「よりプライバシーに配慮したデータ収集・活用のあり方に目が向けられるようになった」ということで、データ社会がもう一歩、進歩したととらえられるだろう。

今後は、個人のデータを可能な限り長期的に保有せずに、産業データや統計データを組み合わせたり、分析したらすぐ削除されるような仕組みを活用したりといった工夫をして行きながら、より精度の高い分析を実践して行くことになるだろう。

つまり、これまで以上に消費者のことを考え、消費者ファーストで製品・サービスを設計し、消費者の信頼を獲得することが、最終的に企業の利益にもつながって行くのである。

そしてもう1つ、このデータ利活用時代においても、データで物事を決めて行くことだけが絶対だということではない。データ分析はどこまでいっても手段の1つにすぎず、それをどのように活用し、解釈するかは人間の手にゆだねられ続ける。明確なビジョンを持ち、その中でデータ分析を適切に活用して行くということが何より重要なのである。

第8章 FSP-Dモデルと情報社会のこの先

FSP-Dモデルはビジネス界を席巻する

∇FSP-Dモデルをフル活用できるサービスとは

FSP-Dモデル——「フリー（Free）」「ソーシャル（Social）」「価格差別（Price discrimination）」「データ（Data）」——は、情報社会の主流ビジネスになりつつある。LINE、メルカリ、モバイルゲームなど、数多くの現在人気を博していて収益を拡大しているサービスも、一見すると異なるビジネスモデルをとっているように見えるものの、FSP-Dで整理して考えるとどれも共通したビジネスモデルを採用して成長してきた。

これらは単独でも、ビジネスに組み込むことで大きな効果を発揮し、現代の消費者の価値観にあった優れたビジネスモデルとなれる。しかし、これらを組み合わせてビジネスを構築することは、相乗効果によりさらに大きな利益を生み出すことにつながる。

このビジネスモデルを具体的に新たなビジネスに落とし込むにはどうすれば良いだろうか。FSP－Dモデルの要素のすべてを用いようとする場合、まず重要なのがソーシャルと価格差別のバランスである。第5章でも見たが、価格差別を意識しすぎて課金誘導をした結果、ユーザ離れが起きて、ネットワーク効果喪失によってサービス全体の収益が低下して行くことがあり得る。

そして、FSP－Dモデルの全要素を活用できるサービスの特徴は、以下のように整理できる。

①限界費用がゼロに近い（フリーで大量に提供可能）。つまり、デジタル財。
②ユーザ同士の交流要素がある（直接的ネットワーク効果）。
③プラットフォームサービスとなっている（間接的ネットワーク効果）。
④他社と差別化可能（価格差別の前提条件）。
⑤熱心なユーザの出現が見込める（多段階価格差別）。

これらの特徴を有するビジネスとしては、コンテンツプラットフォーム全般や、医療などで規格競争のあるサービス（健康系のウェアラブルなど）が考えられる。また、製造業でも、すでに普及している自動車などにセンサーをつけてデータを収集し、その分析結果からソリューションを提供するプラットフォームサービスなどが考えられる。

ここで忘れてはいけないのは、必ずしも「ＦＳＰ－Ｄモデルの全要素を使わなければいけない」わけではないということである。無論、ＦＳＰ－Ｄモデルの各要素は相互作用が働いており、すべてがそろっていた際のビジネス的価値は計り知れないほど大きい。しかし現実的には、既存ビジネスを変革しようと考えた際に、このすべてをそろえるのは決して楽なことではないだろう。

たとえば、③の「プラットフォームサービスとなっている」という特徴は、ＦＳＰ－Ｄを活かす際に1つの鍵になるだろう。しかし、実際には誰もがプラットフォーマーになれるわけではない。誰もがグーグルになれたら苦労しないのである。

▽フル活用できないならFSP-Dモデルに便乗する

重要なのは、情報社会のビジネスモデルの基盤はＦＳＰ－Ｄモデルであり、そのようなビジネスが主流になることを前提としたうえで、そのようなビジネス環境の中で自社のサービスをどこに位置づけるか明確に考えておくことである。

たとえば、巨大プラットフォーマーを利用するということが考えられるだろう。グーグル・プレイやアップストアは巨大プラットフォームであり、後発で追い抜くのは非常に難しい。しかし逆に、ＦＳＰ－Ｄモデルを活用して巨大化したがために、世界に容易にコンテンツを配信できるプラットフォームが完成したともいえる。

それを利用し、自らはコンテンツホルダーとしてうまく立ち回るという戦略が考えられる。それは当たり前のように聞こえるかもしれないが、実際には未だにアナログのCD、書籍、映像パッケージなどのビジネスに縛られ、利用できていないコンテンツホルダーも少なくない。また、モバイルゲームのように、そのプラットフォームの1つの補完財となりながら、さらにそこでFSP－Dモデルによって高収益を狙うという戦略もあり得るのである。

つまり、プラットフォームには、それに付随する「補完財提供者」「三者間市場の広告出稿者」「三者間市場のデータ購入者」「フリー型広告を使うコンテンツホルダー」など、多種多様なプレイヤーが存在する。自らのビジネスがその中でどの役割を果たせるのか明確にしておくことが大切である。そのうえで、プラットフォームの栄枯盛衰をうまく見抜いて、適切なプラットフォームを適切に利用することが求められる。

また、プラットフォームでありながら、FSP－Dの要素のすべてがそろっていないにもかかわらず成功している事例もある。たとえばアップル・ミュージックはサブスクリプションモデルであり、（無料のトライアル期間はあるものの）原則有料での利用しかない。しかし、世界に5000万人以上のユーザを抱える巨大プラットフォームとなっている。

FSP－Dモデルの一部を利用するだけでも、十分にビジネスで成功することはある。FSP－Dモデルを自社のビジネスと関係ないと考えるのではなく、自社のビジネスでその要素をどう活かせるのか検討することが重要である。

FSP-Dモデルは一時的な流行で終わらない

▽情報社会を近代化の歴史の中で考える

読者の中には、FSP-Dモデルは一過性の流行りで終わるのではないかと思う人もいるだろう。確かに、ビジネスモデルやマーケティング手法は、一時期もてはやされるものの、すぐに廃れるということも多い。

しかし、このFSP-Dモデルは情報社会における限界費用ゼロなどの特性をベースにしたビジネスモデルであり、情報社会が続く限り重要な戦略になることは間違いない。そしてこの情報社会は、10年20年の短いスパンの現象ではなく、中長期的に続く新たな時代であることが指摘されている。

その予想を紐解くために、少し長期的なスパンで近代化の歴史を考えてみよう。近代化の歴史がどこから始まったかというのは諸説あるが、先進国である欧州で考えると、通常は16世紀ごろには中世が終わり、近世に入ったとされる。

それ以降現代までの期間を段階で区切るとすると、18世紀後半に起きた産業革命で大きな社会変革が起こり、さらに20世紀後半のインターネットの誕生・普及による情報革命で新たな社会変革が起こったという3段階が考えられる。

実際にどのような変革があったのだろうか。まず、16世紀ごろに軍事革命があった。軍事革命とは、大砲と銃の普及により、それまでの武具をまとった騎士同士の戦いから、大勢の兵士による集団戦へと戦争の様相が変化したことを指す。たとえば、平時は農民であり、有事の際だけ兵士になるような人でも戦争で十分な力を発揮できるようになった。

このことにより、軍事力とは封建騎士の独占物ではなくなり、軍事力の民主化（自由化）が起こったといえ、それまでの封建諸侯の安全保障能力が失われた。このように安全保障が機能しなくなり、戦争が続くと、封建諸侯は疲弊して力が弱まってくる。その結果として、中央集権化した絶対王政が力を増し、主権国家が形成されはじめた。

この時代はまさに「国家化の時代（国家社会）」といえるだろう。この国家化の時代においては、国家同士の争いで勝つことが重視される価値観であり、「公＝政府」が強いという特徴を有していた。また、国家の目的は「国威の増進・発揚」であり、理念は「戦い（闘争）による平和の実現」であった。

要するに、各々の国家は軍事力をこぞって強化し、国家間では外交と戦争を、国内では法律の制定と執行と権力闘争を繰り返していたのである。実際、当時の書籍に出てくる「Ｗａｒ」という単語の頻出度は、２度の世界大戦のときよりもはるかに多いことがわかっている。

この国家化の時代は２００年ほど続いたが、やがて１７００年代に入ると落ち着くようになり、戦争や国家間競争に対する関心よりも人々が高い関心を抱くものが登場するようになる。

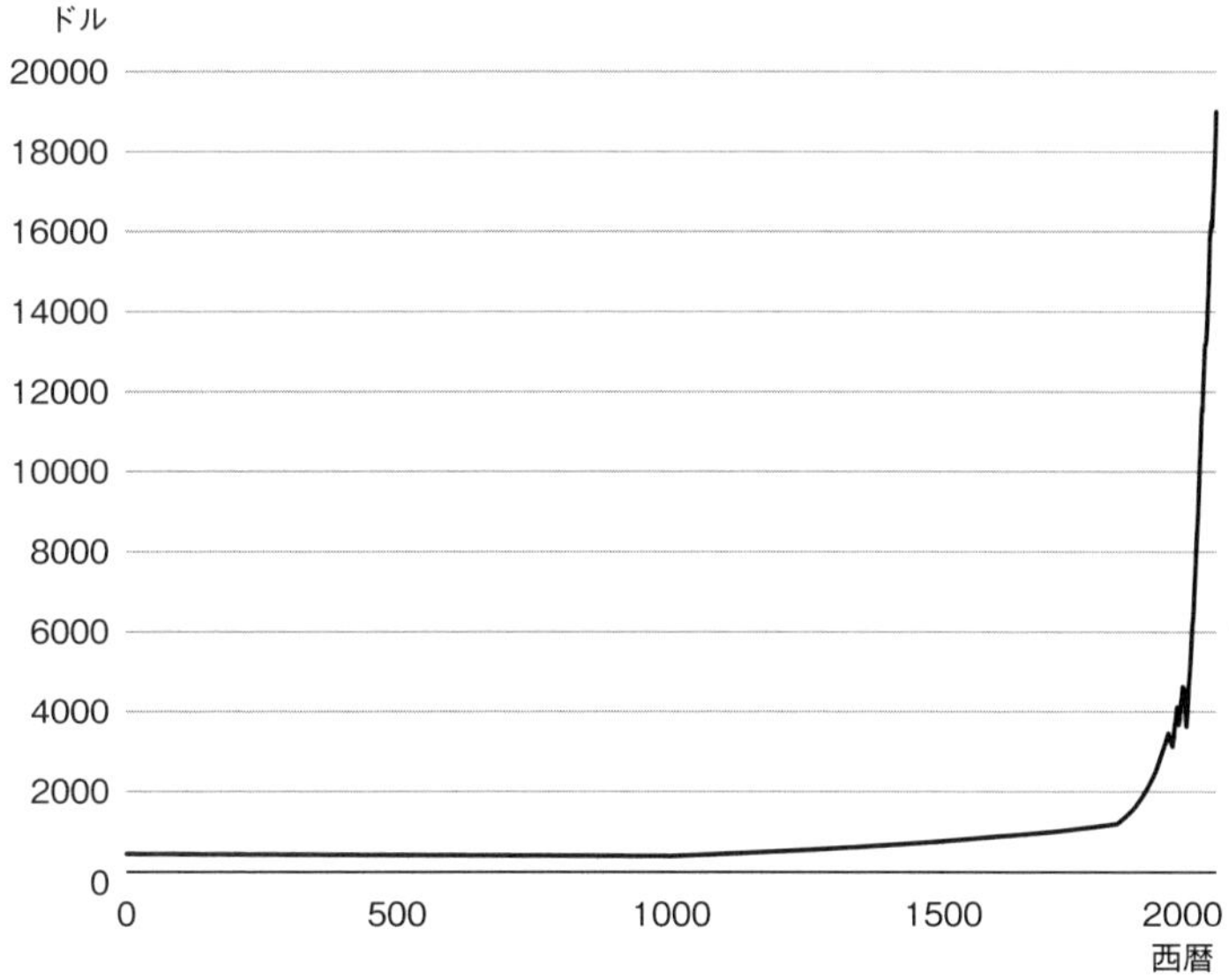

図8-1　西欧の1人当たりGDP推移

それはワットの蒸気機関改良に知られる「産業革命」によってもたらされた。製鉄法が改良されて飛躍的に生産性が向上し、鉄道網が発達して人・物の運搬能力がそれまでにないレベルで向上した。資本家が労働者を雇って生産活動を行う工場という仕組みが、システマティックに確立し、農業のように自然のリズムに制約されることなく、技術革新と投資でいくらでも生産を増やして行く道が開かれた。

その結果、富を築くことが重視される価値観となり、豊かな企業人（大企業社長など）が英雄とみなされるようになった。競争による豊かさ・繁栄の追求がなされるようになったのである。市場競争が盛んに起こるようになり、主なプレイヤーが、「公」である国家から、企業・消費者・市場といった「私」へ移行して行った。これら一連の流れは産業革命以降に進行した変化で、この時代はまさに産業化の時代（産業社会）と呼ぶのがふさわしい。

このような産業革命の特徴はご存じの人も多いだろう。しかし、この衝撃がどれほど「時代の変革」と呼ぶにふさわしいほど大きいものだったかはあまり知られていない。そこで、西欧の1人当たりGDPを見てみよう（図8－1）。これを見ると、産業革命以降、「崖」といってもいいほど急激な成長率の変化が起こっていることがわかる。産業革命とは、これほどまでに社会・経済の法則を根本から変えてしまうような大変な出来事だったのだ。

しかし近年、先進国のGDP成長率は鈍化しはじめており、200年ほど続いた産業社会が、国家化時代と同じように終わりに向かいつつあるといえる。

▽今後200年続く情報社会のビジネス＝FSP-D

以上のように歴史を紐解くと、ある大きな革命が起きて新たな時代が始まったときには、それが200年ほどの社会の基盤・主たる価値観となることがわかる。

そして産業社会の収束と共に立ち上がってきているのが、インターネットの普及を皮切りとした、今我々がいる情報社会である。

情報社会の始まりと共に、価値観やビジネスの核が大きく変動しつつある。SNS・IoT・人工知能など、次々とサービスやビジネスが登場し、産業社会の「物の豊かさ・富を築くことを重視」

する価値観から、「つながり・感謝されること・心の豊かさを重視」する価値観に変化してきている。

この情報社会もまた、200年ほど続くだろう。実際、人工知能の急速な発展などから、今後いよいよ社会システムが大きく変革しそうな兆しが見えてきている。これまでの情報技術の革新や、それに伴う人々の価値観の変化にも目を見張るものがあったが、それはまだ情報社会の黎明期にすぎず、今後本格的に情報社会の発展があると考えるのが妥当だろう。

今の状態は、かつて産業革命でいえば画期的な製鉄方法が登場して人々が沸き、盛んに新しいことを始めようとしている時期にすぎない。産業社会において駆動力である石炭の消費量が飛躍的に増加しはじめたのも、主要産業である銑鉄産出高が急速に増加しはじめたのも、産業革命から数十年経ってからである。

そのような情報社会において、無料化の流れ、ソーシャル化の流れは今後も止まらないであろうし、効率的に収益化する多段階価格差別もビジネスの核をなして行くだろう。このビジネスモデルの変革は、これから100年以上続くまったく新しい時代において競争力を獲得するには必須の変革なのである。

あとがき

令和元年時価総額ランキングのベスト5に名前を連ねている企業は、いずれも1970年代後半以降に誕生した企業である。最も若い企業であるフェイスブックは2004年誕生であり、まだ15歳強にしかなっていない。

その間、ビジネスモデルは革新的な変化を遂げた。世の中には基本無料のものが溢れ、人々は当たり前のようにいつでもどこでもつながり、マーケティングの要であるクチコミも主にインターネットを介して行われるものを指すようになりつつある。

現在33歳の筆者にとっては、フリーのビジネスモデルというのは、学生時代に急速に増え、普及して行ったものである。普及の過程では著作権の問題や持続性についての指摘などさまざまな懐疑的意見があったものの、1年ごとに「無料でできること」がみるみる増えて行ったことを覚えている。

その体験を基に大学院では、コンテンツ産業におけるフリーのビジネスモデルに関する博士論文を書いた。そういう意味では、社会に出てさらにビジネスモデルなどの研究をしはじめたころにはフリーが当たり前になっていたといえる。

しかし、現在中高年以上、とりわけ50代以上の人にとっては、ビジネスを始めてからの大きな変革である。経済学でも経営学でも「価格」というものは意思決定において極めて重要なものであり、ビジネスの実践においても間違いなく競争の源泉であり基本であった。

それを考えると、これはまさにビジネスに携わっている最中に、ビジネス法則に革命が起こったといえる。その一方で、現在学生の若者たちにとっては、「物心ついたときからフリーが当たり前」なのである。

情報社会の話になると、どうしてもテクノロジーの話になりがちである。人工知能、ＩｏＴ、ブロックチェーン……確かにそれら技術の進歩は社会に大きな影響をもたらしている。しかしただ技術が変わったと考えるのではなく、そのような技術変革、そして社会が変わる中で変化する人々の価値観を前提とした、ビジネスモデルの変革にも目を向ける必要がある。テクノロジーはあくまでビジネスの手段にすぎない。

今必要とされているのは、ビジネスモデルを抜本から変革させ、一時の流行りではないこの情報社会において、持続的に発展できるビジネスを展開することである。そして、本書ではそのベースの戦略――ＦＳＰ－Ｄモデル――を整理し、さまざまなエビデンスからその活用方法を紐解いたつもりである。本書が、ビジネスの現場で自社のビジネスを情報社会でドライブさせるために施策を検討している人たちに対して、その活動の一助となることを心から願っている。

最後に、本書を発行するに当たり、支えてくださった多くの方々にお礼を述べて締めくくりたいと思う。

まず、学部時代の恩師であり、本書のベースとなった『ソーシャルゲームのビジネスモデル』（勁草書房）共著者で、博士論文の副査でもある田中辰雄先生には、さまざまな点でご指導いただき大変お世話になっているだけでなく、現在に至るまで多くの共同研究を実施している。そして、とくに本書は『ソーシャルゲームのビジネスモデル』執筆時のアイディアが多く盛り込まれており、田中先生がいなければ発行されていなかったといっても過言ではなく、心から深謝の意を表する。

また、博士課程で指導教授を務めていただいた河井啓希先生、並びにフリーのビジネスモデル研究をした博士論文の主査・副査を務めてくださった中嶋亮先生、石橋孝次先生には、研究に際して多くのアドバイスをいただいた。深く感謝申し上げる。

本書の編集を担当してくださった久保田創氏には、本書の企画〜発行に至るまで、寄り添って的確なアドバイスと編集をしていただいた。ビジネスモデルに関する書籍を執筆するのはビジネス書では初めてであり、内容について迷っていた私を支えてくださったことに、心よりお礼申し上げる。

そして、本書には多くの私の研究が収録されている。その研究の共同研究者である彌永浩太郎氏、坂口洋英氏、佐相宏明氏、青木志保子氏、小林奈穂氏、前川徹氏には、研究実施におけるさまざまな点において大変お世話になった。また、本書執筆に当たり、リサーチアシスタントである大島英隆氏と永井公成氏にもお世話になった。ここに深謝の意を表する。

最後に、いつも研究活動を支えてくださる国際大学グローバル・コミュニケーション・センターの皆さんや、家族にさまざまな面でサポートいただき、本書の発行にいたった。心より感謝申し上げる。

あ

か

さ

た

な

は

や

ら

欧

ま

や

わ

欧

第1章

青木英彦. (2018). 小売業：プラットフォームへの進化を探る. 財界観測. 1-32.

山口真一, 青木志保子, 佐相宏明, & 永井公成. (2019). プラットフォームと日本. Innovation Nippon報告書. 1-222.

加藤千明. (2020). 「GAFA+M」コロナ不況で分かれた意外な明暗. 東洋経済ONLINE. https://toyokeizai.net/articles/-/348984

第2章

Liu, C. Z., Au, Y. A., & Choi, H. S. (2014). Effects of freemium strategy in the mobile app market: An empirical study of google play. Journal of Management Information Systems, 31 (3), 326-354.

山口真一. (2015). 有料・無料ネット配信がパッケージ製品販売に与える影響. 情報通信学会誌, 33 (1), 15-27.

山口真一. (2017). コンテンツ産業におけるフリー型ビジネスモデルの有効性. 情報通信学会誌, 35 (3), 29-40.

Parker, G. G., Van Alstyne, M. W., & Choudary, S. P. (2016). Platform Revolution: How Networked Markets Are Transforming the Economy? and How to Make Them Work for You. WW Norton & Company. (ジェフリー・G・パーカーほか, 渡部典子訳. (2018). プラットフォーム・レボリューション：未知の巨大なライバルとの競争に勝つために. ダイヤモンド社)

山口真一, 佐相宏明, & 青木志保子. (2019). 「インスタ映え (SNS映え)」の経済効果に関する実証分析. GLOCOM Discussion Paper, 19 (1). 1-23.

Reinsel, D., Gantz, J., & Rydning, J. (2018). DataAge 2025: The Digitization of the World. IDC White Paper, 1-28.

第3章

Anderson, C. (2009). Free: The future of a radical price. Hyperion. (クリス・アンダーソン, 高橋則明訳. (2009). フリー:〈無料〉からお金を生みだす新戦略. NHK出版)

Morris, K. (2020). After a half-decade, massive Wikipedia hoax finally exposed. daily dot. https://www.dailydot.com/news/wikipedia-bicholim-conflict-hoax-deleted/

GALTON, F. (1907). Vox Populi . Nature, 75. 450-451.

Madirolas, G., & De Polavieja, G. G. (2014, June). Wisdom of the confident: Using social interactions to eliminate the bias in wisdom of the crowds. Proceedings of

the Collective Intelligence Conference. 10-12.
Greenstein, S., & Zhu, F. (2018). Do Experts or Collective Intelligence Write with More Bias? Evidence from Encyclopædia Britannica and Wikipedia. MIS Quarterly, 42(3). 945-959.
List, J., & Gneezy, U. (2014). The why axis: Hidden motives and the undiscovered economics of everyday life. PublicAffairs.(ウリ・ニーズィーほか, 望月衛訳. (2014). その問題、経済学で解決できます。. 東洋経済新報社)
山口真一, 小林奈穂, 佐相宏明, & 彌永浩太郎. (2019). 創造性アンケート調査分析報告書. 1-88.
小林弘人. (2011). メディア化する企業はなぜ強いのか?: フリー, シェア, ソーシャルで利益を上げる新常識. 技術評論社.
山口真一. (2014). ゲーム産業におけるインターネット上の著作権侵害と経済効果: ゲームプレイ動画とゲームソフト販売本数に関する実証分析. 情報通信政策レビュー, 5, 178-201.
Leyden, B. T. (2018). There's an App (Update) for That: Understanding Product Updating Under Digitization. https://editorialexpress.com/cgi-bin/conference/download.cgi?db_name=IIOC2018&paper_id=214
Shampanier, K., Mazar, N., & Ariely, D. (2007). Zero as a special price: The true value of free products. Marketing science, 26(6), 742-757.
ねとらぼ. (2014).「辞書アプリでのフリーミアムモデルは、戦略的に間違い」 大辞泉アプリ、新バージョンから有料に. https://nlab.itmedia.co.jp/nl/articles/1404/08/news120.html
Christensen, C. M. (2013). The innovator's dilemma: when new technologies cause great firms to fail. Harvard Business Review Press.(クレイトン・クリステンセン, 伊豆原弓訳. (2001). イノベーションのジレンマ：技術革新が巨大企業を滅ぼすとき. 翔泳社)
Brynjolfsson, E., & McAfee, A. (2014). The second machine age: Work, progress, and prosperity in a time of brilliant technologies. WW Norton & Company.(エリック・ブリニョルフソンほか, 村井章子訳. ザ・セカンド・マシン・エイジ. 日経BP社)
山口真一, 坂口洋英, & 彌永浩太郎. (2018). インターネットをとおした人々の情報シェアがもたらす消費者余剰の推計. InfoCom review, (70), 2-11.

第4章

Oxfam. (2018). Reward work, not wealth: To end the inequality crisis, we must build an economy for ordinary working people, not the rich and powerful. http://oxfam.jp/news/bp-reward-work-not-wealth-220118-en_EMBARGO.pdf
Nielsen, J. (2006). The 90-9-1 Rule for Participation Inequality in Social Media and Online Communities. NN/g Nielsen Norman Group.
山口真一. (2018). 炎上とクチコミの経済学. 株式会社朝日新聞出版.
Yamaguchi, S., Iyanaga, K., Sakaguchi, H., & Tanaka, T. (2017). The Substitution Effect of Mobile Games on Console Games: An Empirical Analysis of the Japanese Video Game Industry. The Review of Socionetwork Strategies, 11(2), 95-110.

田中辰雄, &山口真一. (2015). ソーシャルゲームのビジネスモデル: フリーミアムの経済分析. 勁草書房.

山口真一, 坂口洋英, 彌永浩太郎, &田中辰雄. (2016). フリーミアムにおける支払い金額と長期売上高の関係. 情報通信学会誌, 34 (3), 69-79.

第5章

山口真一. (2016). ネットワーク外部性の時間経過による効果減少と普及戦略. 組織科学, 49 (3), 60-71.

Rogers, E. M. (2010). Diffusion of innovations. Simon and Schuster.

川村秀憲, & 大内東. (2005). ネットワーク外部性の働く製品市場のモデル化とプレゼント戦略の評価. 日本オペレーションズ･リサーチ学会和文論文誌, 48, 48-65.

金子真之, & 大内紀知. (2015). ネットワーク効果が働く市場における逆転戦略に関する一考察. In 経営情報学会 全国研究発表大会要旨集 2015 年秋季全国研究発表大会 (pp. 164-167). 一般社団法人 経営情報学会.

第6章

Yamaguchi, S. (2020). The Effect of Online C2C Markets on New Product Purchasing Behavior: An Empirical Analysis of Japanese Selling Apps. SSRN, 3568444. 1-27.

Detlefsen, H. (2018). Airbnb's Market Share of U.S. Lodging Demand Increasing at a Decelerating Rate. HOTEL ONLINE. https://www.hotel-online.com/press_releases/release/airbnbs-market-share-of-u.s.-lodging-demand-increasing-at-a-decelerating-ra

矢野経済研究所. (2019). 2019 アパレル産業白書.

Chevalier, J. A., & Mayzlin, D. (2006). The effect of word of mouth on sales: Online book reviews. Journal of marketing research, 43 (3), 345-354.

Duan, W., Gu, B., & Whinston, A. B. (2008). The dynamics of online word-of-mouth and product sales-An empirical investigation of the movie industry. Journal of retailing, 84 (2), 233-242.

Liu, Y. (2006). Word of mouth for movies: Its dynamics and impact on box office revenue. Journal of marketing, 70 (3), 74-89.

Yamaguchi, S., Sakaguchi, H., & Iyanaga, K. (2018). The Boosting Effect of E-WOM on Macro-level Consumption: A Cross-Industry Empirical Analysis in Japan. The Review of Socionetwork Strategies, 12 (2), 167-181.

Bredava, A. (2018). Case Study: How Hilton uses social listening to win customers. awario. https://awario.com/blog/hilton-social-media-case-study/

Yamaguchi, S. (2020). Why Are There So Many Extreme Opinions Online?: An Empirical Analysis Comparing Japan, Korea, and the United States. SSRN, 3568457. 1-36.

Tanaka, T. (2017). Effect of Flaming on Stock Price: Case of Japan. Keio-IES Discussion Paper Series, 17(3). 1-28.
吉野ヒロ子. (2016). 国内における「炎上」現象の展開と現状: 意識調査結果を中心に. 広報研究 = Corporate communication studies, (20), 66-83.

第7章

永野博. (2016). インダストリー 4.0 は何の革命か: ビッグデータ, オープンデータの動きと軌を一にする社会システム革命の始まり. 情報管理, 59(3), 147-155.
農林水産省. (2018). スマート農業取組事例(平成30年度調査). http://www.maff.go.jp/j/kanbo/smart/smajirei_2018.html#suiden_saku
AGRI JOURNAL. (2018). ITセンサー活用で目指す「有機米とコウノトリが育つ」農地づくり. https://agrijournal.jp/renewableenergy/42198/
元橋一之. (2016). 日本の製造業におけるビッグデータ活用とイノベーションに関する実態. RIETI Policy Discussion Paper Series, 16-P-012.
自由民主党政務調査会経済成長戦略本部. (2019). 『令和』時代・経済成長戦略」令和元年5月14日. https://jimin.jp-east-2.storage.api.nifcloud.com/pdf/news/policy/139537_1.pdf?_ga=2.129629004.1937073519.1579406408-1906603856.1579406408
三菱総合研究所. (2017). 安心・安全なデータ流通・利活用に関する調査研究の請負報告書
McKinsey Global Institute. (2011). Big data: The next frontier for innovation, competition, and productivity. https://www.mckinsey.com/~/media/McKinsey/Business%20Functions/McKinsey%20Digital/Our%20Insights/Big%20data%20The%20next%20frontier%20for%20innovation/MGI_big_data_full_report.ashx
経済産業省. (2018). DXレポート～ITシステム「2025年の崖」の克服とDXの本格的な展開～. https://www.meti.go.jp/shingikai/mono_info_service/digital_transformation/pdf/20180907_03.pdf
山口真一. (2018). 組織内外データ活用の促進方法: データ活用行動に影響を与える要素の実証研究. 組織科学, 51(4), 24-32.
Cameron, K. S., & Quinn, R. E. (2011). Diagnosing and changing organizational culture: Based on the competing values framework. John Wiley & Sons. (キム S.キャメロンほか, 鈴木ヨシモト直美ほか訳. 組織文化を変える:「競合価値観フレームワーク」技法. ファーストプレス)
Metzger, M. J. (2006). Effects of site, vendor, and consumer characteristics on web site trust and disclosure. Communication Research, 33(3), 155-179.

第8章

公文俊平. プラットフォーム化の21世紀と新文明への兆し. NIRA研究報告書.
田中辰雄, & 山口真一. (2016). ネット炎上の研究. 勁草書房.

図版トレース——広田正康
本文デザイン——Malpu Design（佐野佳子）

著者略歴――――
山口真一　やまぐち・しんいち
国際大学グローバル・コミュニケーション・センター准教授。博士（経済学）。専門は計量経済学。研究分野は、ネットメディア論、情報社会のビジネス論、プラットフォーム戦略など。「あさイチ」「クローズアップ現代＋」（NHK）や「日本経済新聞」をはじめとして、メディアにも多数出演・掲載。組織学会高宮賞受賞（2017年）、情報通信学会論文賞受賞（2017年・2018年）、電気通信普及財団賞受賞（2018年）。主な著作に『炎上とクチコミの経済学』（朝日新聞出版）、『ネット炎上の研究』（勁草書房）、『ソーシャルゲームのビジネスモデル』（勁草書房）などがある。他に、日本リスクコミュニケーション協会理事、海洋研究開発機構（JAMSTEC）アドバイザー、グリー株式会社アドバイザリーボード、東洋英和女学院大学兼任講師などを務める。

なぜ、それは儲かるのか
〈フリー＋ソーシャル＋価格差別〉
×〈データ〉が最強な理由

2020年7月24日　第1刷発行

著　者　山口真一
装幀者　Malpu Design（清水良洋）
発行者　藤田　博
発行所　株式会社 草思社
〒160-0022　東京都新宿区新宿1-10-1
電話　営業 03（4580）7676　編集 03（4580）7680

本文組版　株式会社 キャップス
本文印刷　株式会社 三陽社
付物印刷　株式会社 暁印刷
製本所　加藤製本 株式会社

ISBN978-4-7942-2461-3　Printed in Japan　検印省略